TARIF

OV

REGLEMENT

pour taxer les dépens,

Tant en la Cour de Parlement, Requeftes du Palais, Eaux & Forefts, Bailliage, & autres Iurifdictions de l'enclos du Palais, qu'au Chaftelet de Paris, Sieges fubalternes, Pairies, Sieges Royaux, & Prefidiaux.

Pour obuier aux defordres & excez qui fe commettent és taxes des frais & dépens des Procez, & pour le foulagement des parties.

Et feront les fommes fuiuantes taxées à Paris, ainfi qu'il eft accouftumé faire aux declarations de dépens, fors aux Articles particuliers qui feront reglez à tournois.

A PARIS,

Par les Imprimeurs ordinaires du Roy.

M. DC. LXV.

AVEC PRIVILEGE DE SA MAIESTE'.

SVr ce que le Procureur General du Roy a remõ-
ſtré, qu'en la taxe des deſpens adiugez par les
Arreſts de la Cour ſe commettent grands deſordres & diuers abus par aucuns Procureurs, leſquels employent dans les declarations pluſieurs ſommes au delà des taxes ordinaires; & pour en oſter
la connoiſſance, font taxer les dépens par autres que
les Conſeillers Rapporteurs; & lors qu'ils leuent les
Executoires, retirent en meſme temps les declarations miſes au Greffe, ou bien paſſent entre eux des
Apointemens, contenans la liquidation qu'ils font
entre eux des deſpens adiugez par Arreſts contradictoires, a requis y eſtre pourueu.

La Covr a ordonné & ordonne que les Arreſts &
Reglemens donnez ſur ce ſuiet ſeront executez, gar-
dez & obſeruez; & ſuiuant iceux & l'ancien vſage, ſeront tenus les Procureurs qui dreſſeront les Declarations des deſpens adiugez à leurs parties, de cotter au
dos de la Declaration, & parapher de leur main la
datte de l'Arreſt adiudicatif deſdits dépens, auec le
nõ du Rapporteur, ſi l'Arreſt a eſté donné ſur procez
par eſcrit, ou Inſtance, à l'Audiance par appointé ou
autrement, & bailler aux Conſeillers les Declarations des dépens adiugez par Arreſts donnez à leur
rapport: & quant aux Declarations des dépens adiugez par Arreſts donnez en Audiéce ou par appointé, ſeront miſes és mains des Greffiers Ciuil & Cri-

minel à ce prepofez, lefquels feront tenus chacun à
fon efgard, d'en faire l'enregiftrement, pour eftre
lefdites Declarations diftribuées en la maniere accouftumée, & tous lefdits defpens tant diftribuez,
que ceux adiugez, par rapport, taxez par le Confeil-
ler Rapporteur, & enfuitte baillez auec les pieces
Iuftificatiues en Communication au Procureur du
Deffendeur en taxe, pour y mettre fes diminutions,
lequel cottera de fa main en marge du premier feüil-
let de la Declaratiõ le iour qu'il les aura receuës pour
les rendre trois iours apres, à peine de quarante huit
fols parifis d'amande, dont fera deliuré Executoire,
pour ce fait conuenir par les Procureurs des parties
en prefence du Procureur, qui fera lors commis pour
faire la diftribution des defpens de l'vn des Procureurs tiers Referendaires qui fera en mois; & à faute
d'en conuenir fur le champ par le Procureur du Deffendeur, fera la diftribution faite à l'vn des Procureurs, qui fera lors en mois, felon que le diftributeur
le jugera en fa confcience, lequel pour cet effet fera
tenu de prefter le fermét en la maniere accouftumée,
de ne les point diftribuer à aucun de ceux qui auront
efté demandez par les Procureurs des demandeurs
en taxe, ny à l'vn de leurs Subftituts, fi ce n'eft que
tous les Procureurs des parties intereffées en conuiennent. Fait la Cour deffences aux Procureurs des
Deffendeurs en taxe, de mettre aucunes diminutions fur les Declarations des defpens qui leur auront
efté

esté communiquez, ny de faire aucuns memoires sur
ceux que prealablement ils n'ayent esté taxés du Cô-
seiller Rapporteur & du Procureur des demandeurs
en taxe, de les faire taxer par autres que lesdits Conseillers Rapporteurs, mesmes en temps de vacations;
ou les Conseillers Rapporteurs se trouueroient ab-
sens, attendront le retour desdits Conseillers Rapporteurs, si l'Arrest adiudicatif des despens est donné par rapport, & de ceux donnez en l'Audiance
par appointé ou autrement; ceux des Conseillers,
ausquels les despens auront esté distribuez : Comme
aussi de passer Arrests par appointé, contenans la liquidation des despens adiugés par Arrest, à l'exception des despens preiudiciaux des desertions des folles assignations, frais & mises d'executions des deffauts, & des causes vuidées hors iugement par aduis d'vn ancien Aduocat, pris pour tiers s'il trouue
à propos de les liquider; & à l'esgard de tous les autres leur enioint de les faire taxer, & en leuer executoire en la maniere accoustumée, & en leuant l'executoire, mettre & laisser au Greffe les Declarations,
sans que le Greffier qui les aura receuës, les puisse
communiquer autrement, que sans deplacer, auquel
est enjoint de les garder soigneusement; & où il sera
trouué qu'aucun des Procureurs ait adiousté dans les
Declarations de despens quelque chose contre l'ordre, sera condamné en vingt-quatre liures parisis
d'amande, aplicable au pain des pauures prisonniers

de la Conciergerie du Palais : & pour recognoiſtre
les abus qui ſe commettent eſdites Declarations, ſera
commis chacune ſemaine, ou par mois alternatiue-
ment, l'vn des Procureurs de Communauté, ou autre ancien qui aura paſſé par les charges, pour voir &
viſiter gratuitement leſdites Declarations de deſpens, & faire rapport au Procureur General des contrauentions, deſordres & abus qu'ils auront reco-
gnus en icelles. Et laquelle viſite le Commis au Greffe qui a la garde deſdites Declarations de deſpens ſera tenu de ſouffrir, ſans pour ce demander aucun ſallaire. Et outre ordonne la Cour, qu'à l'aduenir les
Procureurs des Demandeurs & Deffendeurs en
taxe, lors qu'ils propoſeront difficulté ſur le memoire du tiers qui aura veu les deſpens, ſe retireront par-
deuers luy pour les terminer, ſans pour cela prendre
par eux autre taxe, que leurs aſſiſtances : Que ſi les
Procureurs des parties, & le tiers ne s'accordent, &
qu'il ſoit neceſſaire de conuenir d'un ancien ; en ce
cas l'ancien conuenu mettra au bas de la Declaration
ſa retribution, qu'il ſignera, ſans que les Procureurs
des parties en puiſſent pretendre aucune. Enjoint la
Cour aux Procureurs de Communauté de tenir la
main à l'execution du preſent Arreſt, & denoncer au
Procureur General les contrauentions qui s'y feront,
à peine d'en reſpondre en leurs propres & priuez
noms, & à cette fin ſera le preſent Arreſt leu & publié
en la Cõmunauté des Aduocats & Procureurs. Fait
en Parlement le 26. Aouſt 1665. Signé, dv Tillet.

ARTICLES,

O V

REGLEMENT,

pour taxer les dépens.

TANT EN LA COVR DE PARLEment, Requeſtes du Palais, Eaux & Foreſts, Bailliage, & autres Iuriſdictions de l'enclos du Palais, qu'au Chaſtelet de Paris, Sieges ſubalternes, Pairies, Sieges Royaux, & Preſidiaux.

Pour obuier aux deſordres & excez qui ſe commettent és taxes des frais & dépens des Procez, & pour le ſoulagement des Parties.

Et ſeront les ſommes ſuiuantes taxées à Pariſis, ainſi qu'il eſt accouſtumé faire aux declarations de dépens, fors aux articles particulier ii ſeront reglez à tournois.

SVBALTERNE CIVIL.

CONSVLTATION, viii. ſols pariſis-
Pour le premier Exploit contenant la demande, iv. ſ.

Prefentation, ... xvi. deniers,
Greffier, neant,
. Si la partie eft demeurante hors le lieu, ne fera taxé vin de meffager, pouraduertir de la comparution; parce qu'au iour de l'affignation l'on plaide, mais bien le voyage pour charger Procureur.

Pour chacun roolle au Greffier, xx. d
Iournée du Procureur, xvi. d
Pour le fallaire du Iuge qui fait enquefte pour chacun témoin,
iv. f
Pour le Greffier, *neant*; parce qu'il a la groffe, s'il n'y a tranfport.
auquel cas fera taxé moitié du Iuge.

Pour chacun interrogatoire, au Iuge, ● xii. f
Au Greffier, *neant*, s'il n'y a tranfport comme deffus.
Si le Iuge fe tranfporte, fera taxé par iournée, compris fa dé-
penfe, lxiv. f
Au Greffier, xxxii. f
Au Procureur, xxxii. f
' Pour les vaccations d'vne matinée, ou aprefdinée entiere defdits Iuges fubalternes hors Paris, pour les fcellez, inuentaires, &
compres, & partage, xlviii. f
Pour les Procureurs Fifcaux, s'ils y ont affifté, és cas efquels ils y
peuuent affifter, & aux Procureurs des parties qui y doiuent affifter, les deux tiers de la taxe du Iuge.
Au Greffier ne fera taxé aucune vacation, s'il ne fe tranfporte
comme deffus, & fe tranfportant aura moitié de la taxe dudit Iuge,
outre fa groffe.

Subalterne Criminel.

Au Sergent qui fait l'information fur le lieu, pour chacun té-
moin, iv. f
A l'adjoint, ii. f. viii. d
Sera taxé au Sergent groffe d'information, parce qu'il faut qu'il
garde la minute; à raifon de ii. f. le roolle
Au Procureur Fifcal qui verra les informations, viii. f
Au Iuge, xii. f
Au Greffier pour le decret, iv. f x. d
Au Greffier qui communique les informations, tant au Procureur

Fifcal qu'au Iuge, pour decreter, ne fera rien taxé,   neant

Pour le Sergent qui execute le decret d'adiournement perfonnel fur le lieu,   vi. f

S'il fe tranfporte,   xxiv. f

S'il y a prife de corps, & que le Sergent foit affifté de deux Recors pour conftituer prifonnier,   xxxvi. f

Pour l'interrogatoire au Iuge,   xii. f

Au Procureur Fifcal qui prend communication,   viii. f

Le Greffier pour l'interrogatoire aura moitié du Iuge, & pareil droit pour le recollement & confrontation.

Confeil fur l'interrogatoire,   vi. f

Pour les affignations aux témoins, s'il n'y a tranfport, chacune ii. fols

Et taxer tous les exploits d'vn mefme iour en vn article, comme pareillement toutes les taxes des témoins.

Au Iuge pour le recollement & confrontation de chacun témoin,   vi. f

Toutes les confultations, chacune,   viii. f

Pour chacun roolle d'écritures inuentoriées,   ii. f

Si elles ne font écrites en minute, auquel cas arbitrer.

Voyages pour le Ciuil.

Pour les voyages, en matiere ciuile, fi les parties font demeurantes hors le lieu, fera taxé voyage pour apporter l'exploit.

Voyage pour produire.

Voyage pour pourfuiure le Iugement & leuer la Sentence.

Pour le Criminel.

Voyage pour le decret.

Voyage pour l'interrogatoire.

Voyage au recollement & confrontation,

Voyage pour les conclufions ciuiles, & deffenfes par attenuation, & produire, s'il y a à contredire, & non autrement.

Voyage pour la Sentence & Iugement.

Pairie, Ciuil.

Confultation,   xii. f

Exploit contenant demande,   viii. f

C

Prefentation, ii. f

Greffier, neant.

Si la partie eft demeurante hors le lieu ne fera rien taxé pour aduertir de la prefentation.

Pour chacun roolle de papier au Greffier, fera taxé, ii. f
Iournée du Procureur, xx.d

Pour chacun roolle de groffe des efcritures faites par Aduocat, pour le fallaire dudit Aduocat, viii. f

Pour la groffe de chacun roolle, xx.d
Et ne fera taxé reuifion.

Et pour les groffes des Inuentaires dreffées par les Procureurs, qui contiendront quinze lignes & huit fyllabes, iv.f

Pour le fallaire du Iuge qui fait enquefte, pour chacun témoin, vi. f

Pour le fallaire de chacun témoin iv. f.s'il n'y a tranfport, auquel cas fera taxé felon la diftance.

Au Greffier, neant, ayant fa groffe, s'il ne fe tranfpofte.

Si le Iuge fe tranfporte, fera taxé par iour, vi. l. viii. f
Pour les Iuges des Pairies des villes, vi.l. viii.f
Et pour les autres, iv.l.xvi.f
Au Greffier, moitié.
Au Procureur, les deux tiers du Iuge.

Pairie, Criminel.

Au Iuge qui fait l'information, pour chacun témoin, vi. f
Au Greffier, iii. f
Si c'eft vn Sergent qui fait l'information, pour chacun témoin, iv.f
A l'adjoint, ii. f. viii. d
Pour le decret au Iuge, xii. f
Pour le Procureur Fifcal, viii. f
Pour le decret, au Greffier, viii.f
Pour l'interrogatoire, au Iuge, xii.f
Au Greffier, vi.f
Recollement & confrontation, au Iuge pour chacun témoin recollé & confronté, vi. f
Au Greffier, pour fa vaccation, iii. f
Pour la groffe de chacun roolle, ii. f

Sieges Royaux, Ciuil.

Confultation,	xxiv. f
Adiournement fans tranfport,	viii. f
Prefentation,	ii. f
Au Greffier,	iv. f
Si la prefentation eft fur vn appel,	ii.f
Iournée de Procureur, fur Iugement ou Sentence,	ii. f
S'il y a Aduocat & Procureur, fera taxé à l'Aduocat iv. f. & au Procureur,	ii. f
S'il y a long plaidoyé, fera taxé à l'Aduocat,	xii.f
Au Greffier, pour chacun roolle,	iii. f. ix. d

S'il y a moindre taxe, il la faut fuiure.

Pour le fallaire du Iuge qui fait enquefte, s'il eft Lieutenant General, ou Preuoft des Marefchaux, fur les lieux,	viii. f
Aux Confeillers & Lieutenans Particuliers,	vi.f

Au Greffier, ne fera taxé que fa groffe, s'il ne fe tranfporte.

A l'adjoint, moitié du Iuge.

A l'enquefteur, pour chacun témoin,	vi. f
Pour l'adjoint, les deux tiers,	iv. f
Pour l'interrogatoire, au Iuge,	xxv. f. viii.d

Au Greffier fera feulement taxé fa groffe, s'il ne fe tranfporte.

Si le Iuge Royal fe tranfporte, fera taxé par iour pour vaccation, & dépenfe, fçauoir au Lieutenant General dudit Siege Royal, xii. l. xvi. f

Aux autres Iuges dudit Siege,	ix.l. xii.f
Au Subftitud du Procureur General,	viii. l. x.f.viii.d

A l'adjoint, s'il fe tranfporte & non autrement, les deux tiers du Iuge, Au Greffier moitié.

Et aux Procureurs, les deux tiers,	
A l'enquefteur, s'il fe tranfporte,	viii.l

Sieges Royaux, Criminel.

Au Iuge qui fait l'information, fera taxé côme deffus à l'enquefte.
Au Greffier, moitié.

Au Greffier qui fera l'information, pour chacun témoin,	iv.f

A fon adjoint, moitié.

Au Procureur du Roy, fur le decret,	viii.

Au Iuge, xii.ſ

Preſidial.

Au Subſtitud du Procureur General du Roy, pour ſes concluſions ſur information, xvii. ſ
Au Iuge, xxv. ſ. viii.d
Au Greffier, pour le decret, xii. ſ. x.d
Pour l'interrogatoire, au Iuge, xxv.ſ. viii.d
Au Greffier, x i.ſ. x.d
Au Subſtitud du Procureur General du Roy, qui en a eu communication, xxv.ſ.viii d
Pour le conſeil ſur l'interrogatoire, xii.ſ
Recollement & confrontation, au Iuge pour chacun témoin, viii. ſols.
Au Greffier, moitié.
Si le Lieutenant General Preſidial ſe tranſporte, ſera taxé par iour, xvi. liures.
Aux autres Iuges dudit Preſidial, xii.l. xvi.ſ
Au Preuoſt des Mareſchaux, idem
Aux Subſtitud, Adjoint, où il y en aura, Greffier, Enqueſteur, & Procureur, comme deuant aux Sieges Royaux,
Quand c'eſt vn recollement qui vaut confrontation; au Iuge pour chacun témoin, viii. ſ
Les voyages ſeront taxez faits ſur les lieux aux expeditions, comme il eſt dit cy-deſſus aux ſubalternes.
Et ſi la partie eſt de grande qualité, & eſt preſente en perſonne lors du recollement & confrontation, ſera taxé ſon voyage, & ſejour ſelon ſa qualité, & du crime.
De quelque qualité que ce ſoit, la partie ne ſera taxée pour apporter l'exploit, & pour produire quand il y aura contredits, voyage & ſeiour, que pour homme à cheual.
Et outre la diſtance des lieux, aura pour apporter l'exploit vn iour; & pour produire, deux iours de ſéiour.
Le voyage pour faire iuger ſera taxé ſelon la qualité de la partie, & aura trois iours de ſeiour, ſi le Iugement eſt diffinitif.
Et s'il n'eſt qu'interlocutoire, ne ſera taxé que pour homme à cheual. Chaſtelet

Chaſtelet

En toutes actions reélles, & ſommation eſt deu le memoire ou
demande,   iv. ſ pariſis

  Pour la conſultation,   viii. ſ

  En reconnoiſſance de promeſſe ou ſimple demande, eſt taxé
pour conſultation & memoire,   viii. ſ

  Au Sergent pour vn exploit ordinaire à Paris,   iv. ſ

  Pour la preſentation au Greffe,   iv. ſ

  Pour le quart en ſus,   xvi.d

  Pour la iournée du Procureur,   ii. ſ

  Pour l'appointement à deliberer,   viii.d

  Ne ſe taxe que quand on leue l'executoire, pour la iournée,   ii.ſ

  Pour la copie des contracts & pieces, dont il ſe baille copie ès
inſtances, elles ſont taxées ſelon ce qu'elles contiennent.

  Les deffences, repliques & reſponſes, *idem* & à l'ordinaire,
       viii.ſ

  Pour la iournée de toutes les pieces & expeditions, qui ſe baillent
à la main, & où il n'y a de ſignifications,   ii.ſ

  Pour les deliberer ſur les deffences & reſponſes,   viii. ſ

  Iournée ſur chacune quand elles ſont baillées à la main, & quand
elles ſont ſignifiées, il n'y a point de iournée,   ii.ſ

  Appointement à mettre ou en droit, & de toutes les ſentences
renduës à l'Audiance, eſt taxé viii. ſ. tournois, pour chacun rolle,
pourueu qu'il y ayt 25. lignes pour page, & xv. ſillabes à la ligne,
ſuiuant l'Ordonnance & Arreſts.

  Au premier Audiancier pour ſon droit pour les cauſes plaidées au
Preſidial,   xx. d. par.

  Quand les ſentences ou appointemens ſont contradictoires, il eſt
deu audiance au Procureur de   viii. ſ

  Pour la iournée,   ii.ſ

  Pour auoir dreſſé la minutte de la ſentence, ſuiuant le Reglement du iv. May 1660. qui attribuë ce droit au lieu des viii. ſ. par.
retranchez pour les Audiances des ſentences par deffaut,   iv. ſ

  Pour la copie de la minutte ſignifiée, pour voir & rendre dans
xxiv. heures, iv.ſ. par. pour rolle de la Groſſe.

  Pour les Requeſtes verbales, quand il y a concluſion incidente,
ſelon qu'elles ſont grandes & du moins,   viii. ſ

              D

Pour le droit de Conseil, viii. ſ

Quand aux Requestes verbales, qui ne tendent que pour plaider sur le principal, ou pour l'instruction, ne sera taxé que comme aduenir, ii.ſ.viii.d.

Toutes les significations faites au Chastelet, ii. ſ

Les significations faites au domicile des Procureurs ou parties, iv. ſ. par.

Pourueu que le Procureur ait mis sur icelle à signifier à domicile, ne sera taxé que ii. ſ. iv. ſ. ou ii. ſ

La signature des sentéces renduës à l'audiance, xxii.ſ. vi. d. par. le rolle, pourueu qu'il y ait 25. lignes en la page, & 15. silabes en la ligne, xxii.ſ. vi.d

Le sceel de toutes sentences & Executoires, viii. ſ

Il n'y a point de droit de consultation pour produire.

Inuentaire de production à quatorze lignes par page, à raison de iv. ſ

Quand l'appointement porté à contredire, est deu la copie de l'Inuentaire à vn sol pour rolle, & l'exibition; mais la copie ne doit estre taxée, si elle n'est representée, ou celle prise en baillant.

La collation de l'Inuentaire au Greffe, vi.ſ

Pour les iournées de Procureur, iv. ſ

Escritures de l'Aduocat, soit aduertissement ou contredits, quand ils trauaillent ordinairement au Chastelet, viii.ſ.par.

Le rolle, viii.ſ

Au Clerc de l'Aduocat, ii. ſ tournois par rolle, ii.ſ.t

Au Procureur pour le droit de reuision le tiers de l'Aduocat.

Pour l'exibition à l'Audiencier, ii. ſ

Pour les copies pretenduës exhibées, suprà.

Quand l'appointement ne porte à contredire, il n'est deu aucune copie d'Escritures, ny d'Inuentaires, mais seulement le droit de reuision des escritures, faites par Aduocat, & non des remonstrances faites par Procureur.

Aux Clercs des Lieutenans Ciuil & Particulier, & Conseillers pour la communication d'vn procez & instances, xvi.ſ.

Au Procureur qui prend les pieces par communication, & s'en charge, ne sera rien taxé.

Vne Requeste pour faire commandement à vn Procureur de rendre vn procez pour l'auoir fait respondre trois fois, viii. ſ

Pour la copie de la Requeſte à trois ordonnances des injonctions,
iv. ſ.

Pour les trois commandemens à l'Audiencier vi. ſ. par. qui eſt
ii. ſ. pour chacun au Chaſtelet, le double à domicile.

Pour l'Audiancier qui a contraint le Procureur à rendre le procez,   xxiv.ſ

Aux Clercs de Meſſieurs pour faire juger vn procez, ne ſera taxé
aucune choſe.

Les eſpices à raiſon de lii. ſ. pariſis pour eſcu.

Le droit du Receueur qui eſt de iv. ſ. x. d. pariſis pour eſcu.

La journée du Procureur qui paye les eſpices,   iv. ſ

La façon des ſentences renduës aux procez par eſcrit, viii. ſ.
pariſis le rolle, pourueu qu'il y ait 25. lignes à la page, & 15. ſilabes à
la ligne,   viii.ſ

La copie ii. ſ. tourn. le rolle, & ſe taxent toutes les copies entieres,
excepté des ſentences d'ordre, dont les copies entieres ne ſont taxées qu'à ceux qui ont produit, & pour ceux qui n'ont produit,
n'eſt taxé que les qualitez & le *dictum* de la ſentence d'ordre.

Au Greffier pour la deſcharge vi. ſ. pariſis, pour chacun ſac, vi.ſ

Journée au Procureur qui decharge les ſacs,   iv.ſ

Au Greffier qui baille vn procez par communication au Greffe,
xvi. ſ.

La journée au Procureur qui s'en charge, iv. ſ. pariſis, & autant
en le rendant,   iv.ſ

Pour le deliuré aux preſentations, ii. ſ. pariſis pour chaque deffaut,   ii.ſ

Pour la journée au Procureur ſur chacun deſdits deffauts,   ii.ſ

Pour le memoire ſur deffaut,   ii.ſ

Pour le Procureur qui dreſſe les concluſions du deffaut,   vi.ſ

Pour la Groſſe des ſentences jugées aux Ordonnances faute de
comparoir par Procureur,   xviii.ſ.iv.d

Pour la ſignature des ſentences obtenuës ſur leſdits deffaux par
abonnement,   xliv. ſ. x.d

Les eſpices, droit de Receueur & journée comme ſur les ſentences des procez par eſcrit en deux articles.

En inſtance de ſaiſies & Arreſts, ne ſe taxe aucun droit de conſultation, pour intenter l'action, il faut le memoire de   iv.ſ

Pour vn memoire en execution de la ſentence, afin de taxer dépens,   iv. ſ

Le Sergent , Preſentation, quart enſus, & iournée ; *idem* qu'à la premiere aſſignation ,

Pour le congé de taxer,   vi.ſ

Pour la iournée,   ii. ſ

Il appartient aux Commiſſaires pour tous les droits de taxe v.ſ. ix. d. pour chacun eſcu,

Pour la façon de l'executoire,   ii.ſ

Pour la ſignature de l'executoire,   vi.ſ

Pour le ſcel,idem qu'aux ſentences, les deffenſes, reſponſes, repliques, & toutes autres copies baillées de main en main , eſt deu iournée de   ii.ſ

Au Greffier qui doit eſcrire l'appointement ſur ſon regiſtre , iv d

On taxe droit de conſultation au Procureur ſur chacune des copies fournies quand elles meritent a   viii.ſ

A tous actes ſignifiées , il n'eſt deu appointement ny iournée, mais ſeulement conſultation , quand ils meritent , ſauf quand il s'agit de demande incidente, auquel cas il y a appointement à deffendre , & iournée , & n'eſt deu aucune conſultation ſur les exceptions, & ſentences renduës par deffaut, à la Chambre Ciuile ou Criminelle,& par deffaut, ny droit d'Audiance au Procureur, non plus qu'aux ſentences renduës par appointement, receu par les clercs du Greffe.

En execution d'obligation ou ſentence,eſt deu le memoire, iv.ſ

Pour le commandement fait en vertu à Paris au Sergent, viii.ſ

Pour la ſaiſie reelle d'vne maiſon,rente ou office à Paris,xlviii. ſ. pariſis,y compris la ſignification,   xlviii.ſ

Preſentations, quart en ſus, & iournée , idem qu'aux autres Iuſtices.

Pour la ſentence de congé de criées, idem qu'aux autres ſentences.

L'Affiche pour les criées,   xvi.ſ

Les deux copies,   xvi,ſ

Pour le memoire de ſignification de premieres criées.   iv.ſ

Au Sergent pour la ſignification,   v. ſ

Pour les quatre criées , enſemble pour le procez verbal , viii.liu.

Pour

Si l'oppoſition eſt à charge, ou afin de diſtraire ſera taxé la copie
qui aura eſté fournie ſelon ce qu'elle contiendra.

Les denonciations de telles oppoſitions aux creanciers, ſeront
faites à tous, & les cauſes d'oppoſition & tiltres ne ſeront ſignifiées
qu'aux Procureurs des ſaiſi, ou ſaiſis, & plus ancien Procureur des
oppoſans, auec declaration aux autres qu'ils ayent à ſe retirer par
deuers ledit ancien, pour en prendre communication, ſi bon leur
ſemble.

E

7

Ne fera employé ny alloüé aucunes autres denonçiations, si ce
n'est d'actes d'appel, ou d'Arrests & Sentences d'euocation.

Pour la façon de la peau du decret, · xxiv.ſ
· Pour la signature, quarante ſols tournois de la peau, xxxii.ſ
Pour le ſel, xlviii.ſ
Les actes de tutelles, tant pour le Iuge que pour le Greffier,
lxviii. ſols
Pour la vaccation du Procureur, xxiv.ſ
· Pour les aduis des parens, épices & façon, vi. l. viii.ſ
Au Procureur, pour les vaccations & auoir dreſſé les procura-
tions, xxxii.ſ
Pour l'audition de chacun témoin, en fait d'enqueſte, ou d'in-
formation, eſt deüb au Commiſſaire, · viii. ſ
Pour les interrogatoires ſur faits & articles eſt deub vaccation
au Commiſſaire de xlviii.ſ
Pour le renuoy, faute de comparoir deuant luy, ſur le ſecond
deffaut, xxxii.ſ
Au Procureur qui a obtenu le renuoy, xvi.ſ
Les groſſes d'information, enqueſte, ou interrogatoire, iv. ſols
pour roolle, iv.ſ
Pour les épices d'vn decret, xxv. ſ. viii.d
Conclusions du Subſtitud du Procureur General du Roy, xvi.ſ
Pour la façon & expedition du decret, xvi. ſ
Il ne ſe taxe au Commiſſaire vacation, pour porter l'information
chez le Subſtitud du Procureur General du Roy, non plus que
chez le Lieutenant Criminel.
Pour le recollement & confrontation des témoins ſera taxé
pour le Iuge, pour chacun témoin, viii.ſ
Vaccation de compte, ou partage deuant les Commiſſaires, au
Procureur, les deux tiers du Commiſſaire.
Au Procureur qui a dreſſé la minute du compte, veu les pieces,
pour deux groſſes eſt taxé par cahier de chacune deſdites deux
groſſes en grand papier, iv. l
Pour la tierce copie du compte, faite par le Commiſſaire, iv. l
pour chacun cahier, iv. l
Il ne ſe taxe point de ſéiour au Chaſtellet; mais ſeulement
trois voyages aux procez par eſcrit, & deux aux cauſes iugees en
l'Audience en affirmant, s'il n'y a des dommages & intereſts ad-

iugez, auquel cas eſt taxé ſejour.

L'acte d'affirmation d'vn voyage, au Greffier,   ii. ſ. vi. d

Les affirmations pour ſaiſies & arreſts faits deuant le Commis au Greffe,   vi. ſ. t

Pour les actes de reconnoiſſance de promeſſe, ou communication de pieces,   iv. ſ

Pour les actes de renonciations,   viii. ſ. t

A tous actes faits au Greffe, eſt deub iournée au Procureur de   ii. ſols

Pour les actes de Curatelle, droits des Gens du Roy,   lii. ſ

Pour le curateur qui a accepté l'acte,   xii. ſ

Toutes les requeſtes, afin d'auoir permiſſion de ſaiſir, & autres Ordonnances,   viii. ſ

Pour les commiſſions obtenuës ſur requeſte, contracts, & obligations, ou Sentences, façon, ſignature & ſcel,   xxvi. ſ

Pour vn compulſoire, ſigné & ſcellé,   xxxvi. ſ

Pour les commiſſions pour adjuger le profit des deffauts, ſignature & ſcel,   xxiv. ſ

Les articles bons de chacune declaration de dépens adiugez, tant par Sentences donnés ſur procez par écrit, ou Sentences d'Audiance & frais de criées tant ordinaires qu'extraordinaires, pour chacun article bon,   iv. d

Pour l'Aduocat qui plaide au Chaſtellet, ſe taxe,   xxv. ſ. viii d

Pour les aſſiſtances des Procureurs, à la taxe des dépens, ſe taxe iv. deniers pariſis.

Pour chacun article de la declaration pour éuiter les roolles des declarations qui ſeroient miſes en groſſe.

En execution de Sentence pour faire enqueſte.

Les Commiſſaires du Chaſtelet font les enqueſtes, & ont pour chacune depoſition viii. ſols pariſis, & iv. ſols pariſis du roolle de la groſſe.   viii. ſ & iv. ſ

Aux Procureurs pour produire les témoins,   iv. ſ

Chacune Ordonnnance,   iv. ſ

Conteſtation deuant vn de Meſſieurs.

Pour chacune vaccation en l'hoſtel, xlviii ſols, s'il n'y a plus gran̄de taxe, xlviii.ſ

Aux Procureurs, xxxii.ſ

Groſſe du procez verbal, à raiſon de iv. ſols pariſis pour roolle, iv.ſ

Copie, à raiſon d'vn ſol pour chacun roolle de groſſe.

Deſcente ou viſitation, où le Iuge ſe tranſporte.

Sera taxé, comme deuant a eſté dit.

Procez verbal, à raiſon de iv. ſols pariſis pour roolle, copie *ſuprà.*

Aux ſcellez, & ailleurs.

Les taxes des Commiſſaires pour chacune vaccation d'apreſdiſné, ou matinée entiere, vi. ł

Et ſi elle eſt moindre, ſera taxé à proportion.

Aux Procureurs des heritiers, & plus ancien Procureur des creanciers les deux tiers comme deuant.

Partages ſe font par les Commiſſaires.

Pour chacune vaccation, ainſi qu'il eſt dit au Chapitre precedent.

Notaires.

Ils pretendent viii liu. tournois pour chacune vacation: Il y a des Arreſts qui les ont moderez à vi. liu.

Pour chacun roolle d'actes en grand papier, y compris le ſallaire, xii. ſ.pariſis

Celuy en parchemin, xvi. ſ

Sera obſerué és dépens, frais, & loyaux couſts, que les premieres groſſes de contracts de conſtitutions & obligations ſont preſuméès auoir eſté payées par les conſtituans & obligez, s'il n'appert du contraire par les receus des Notaires.

Leur droit de cherche, de toutes ſortes de minutes, xxiv. ſ

Iuſtice

IVSTICE ROYALE

du Bailliage de l'Artillerie de France.

PREMIEREMENT.

Pour les exploits faits à Paris,   iv. ſ
  Pour la prefentation, au Greffier,   iv. ſ
  Pour la iournée du Procureur,   ii. ſ
  Pour la façon & ſignature des Sentences pour peau,   xx. ſ
  Pour la iournée du Procureur,   ii. ſ
  Pour l'audiance,   viii. ſ
  Pour auoir dreſſé la minute,   iv. ſ
  Pour la copie,   ii. ſ
  Pour la ſignification à voir & rendre,   iv. ſ
  Pour les vacations de Bailly, aux ſcellez & inuentaires, meſmes taxes qu'aux Commiſſaires du Chaſtelet.
  Au Procureur du Roy, quand il y aura aſſiſté, és cas portez par l'Ordonnance, les deux tiers dudit Bailly.
  Aux Procureurs auſſi, les deux tiers dudit Bailly.
  Au Greffier, pour la groſſe du procez verbal de ſcellé & inuentaire, où il y aura quinze lignes à la page, & dix ſyllabes à la ligne, pour chacun roolle,   iv. ſ
  Pour la vacation dudit Bailly, aux tutelles & aduis de parens,   xxxii. ſols
  Pour les Procureur & Aduocat,   xvi. ſ
  Au Greffier, pour la vaccation, façon, expedition & ſignature,   xxiv. ſols
  Pour les inuentaires de production, par roolle,   iv. ſ
  Les eſcritures faites par Aduocat, par roolle,   viii. ſ
  Pour le Clerc, pour chacun roolle,   ii. ſ
  Pour le droit de reuiſion, le tiers de l'Aduocat.
  Pour la copie, la moitié de la groſſe,
  Pour les comptes en grand papier, pour chacun roolle contenant

F

vingt lignes à la page, & dix syllabes à la ligne,　　viii. ſ
Pour les collations, & décharge de chacun ſac,　　iv. ſ
Pour la iournée du Procureur,　　iv. ſ

Requeſtes du Palais.

Pour le droit de conſultation ſur la demande,　　xxiv. ſ
Memoire,　　iv. ſ
Exploit,　　xii. ſ
Preſentation,　　ii. ſ
Reception, au Greffier,　　iv. ſ.

Voyage de cheual ou de pied, ſelon la qualité des parties & diſtance des lieux pour apporter l'aſſignation, ſçauoir ſoixante ſols pour homme de cheual, & vingt-quatre ſols pour homme de pied, raiſon de dix lieuës par iour,　　lx. ſ. & xxiv. ſ

Vin de meſſager pour aduertir de la comparution,　　iv. ſ
Deffaut aux preſentations,　　iii. ſ. iv. d

Demande, y ayant debouté de deffenſes, ne ſera taxé aucune choſe.

Eſpices de la Sentence,　　lii. ſ

Façon & ſignature, ce qui ſe trouuera taxé, qui ſera toutefois reglé, ſçauoir

Pour la façon, à raiſon de iv. ſ. x. den. pour chacun roolle, ſuiuant le trente-neufiéme Article du Reglement deſdites Requeſtes du Palais du premier Iuin 1647, & pour la ſignature, xvi. ſ. pour chacun roolle, ſuiuant le premier Article dudit Reglement ; à la charge qu'il y aura vingt-deux lignes à la page, & quinze ſyllabes à la ligne.

Prononciation,　　vi. ſ. v. d
Iournée,　　ii. ſ
Exploit de readiournement,　　xii. ſ
Vin de meſſager, xxiv. ſ. ou à l'arbitrage ſelon la diſtance, xxiv. ſ
Preſentation,　　ii. ſ
Reception,　　iv. ſ

Vin de meſſager, comme deſſus, xxiv. ſ. ou à l'arbitrage.

Appointement à produire ſur le debouté de deffenſes, copie, ſignification, & iournée compris dix deniers pour le paraphe, viii. ſ

Conſultation pour produire,　　xxxii. ſ

Inuentaire de production, à raison de iv. f. pour roolle ¡ vi. fol's
quand il y aura xviii. lignes en grand papier, & viii. f. quand il y
aura vingt lignes & cinq mots à la ligne,   iv.f.vi.f.& viii.f

Produit,   iv. f

Commandement de produire,   ii f

Forclufion,   ii. f

Et fi c'eft à domicile,   vi.f.viii.d

Autre forclufion de contredire,   ii. f

Voyage pour produire, fuffit de   iv.l. xvi. f

Si fur le readiournement de la fufdite Sentence, il n'y a point de
comparution pour le deffaut aux prefentations,   iii.f.iv. d

Pour la demande,   xxiv. f

Efpices de la Sentence,   civ. f

Façon & fignature, ce qui fe trouuera taxé, comme deffus fuiuant
le Reglement,

Prononciation fuiuant ledit Reglement,   viii. f

Iournée,   ii.f

Vin de meffager,   xlviii.f

Ou iv. li. xvi. f. felon la diftance des lieux,

Si la demande gift en preuue par témoins, en execution de la
Sentence de debouté de deffenfes par deffaut, faute de comparoir,
ou par deffaut faute de deffendre, feront dreffez les faits pour
informer ; pour lefquels fera taxé à l'arbitrage du tiers, & au moins,
    xxiv. fols

Reuifion, moitié,

Pour vne requefte de *committitur*   ii. f

Pour vne Ordonnance pour affigner la partie, pour conuenir
d'adjoint, voir iurer témoins, & les témoins pour dépofer compris v. deniers pour la copie,   iv. f

Pour les affignations, fi dans Paris & par Huiffier defdites Requeftes, aux Procureurs dans le Palais, iii. f. iv. den. Et aux domiciles des parties, à raifon de fix fols cinq deniers parifis chacun,
    iii.f.iv.d. & vi.f. v. d

Pour la comparution du Procureur, à l'affignation,   xii. f

Si à la campagne les affignations feront taxées fuiuant le
tranfport du Sergent ; fçauoir, à vne lieuë de Paris xxiv. f. à deux
& trois lieuës,   xlviii. f

Et pour chacune iournée,   lxxii. f. parifis

Pour le fallaire des témoins, en vn feul article, felon çe qui fe trouuera auoir efté taxé par l'enquefte ou procez verbal, & s'il n'y a point de taxe, à raifon de iv. fols pour chacun témoin.

Sallaire de Monfieur le Commiffaire, felon la taxe.

A l'Adjoint, *idem*

Pour la groffe de fon procez verbal, à raifon de iv. f parifis pour roolle. *idem*. pour la groffe de l'enquefte qui doit eftre feparée.

Pour le Procureur qui a produit les témoins,   xxiv. f

Voyage d'homme de cheual, ou de pied, felon la qualité & diftance, comme deffus, article 61, pour faire faire l'enquefte, & quatre iours de féiour, ou plus grand s'il y échet à l'arbitrage.

Pour le port de l'enquefte au Greffe, faite fur les lieux, au meffager felon l'executoire qui luy en aura efté deliuré, quittancé, dans lequel ne pourra eftre taxé qu'à raifon de deux fols par lieuës.

Pour ledit executoire, fuiuant l'Article 26, dudit Reglement, iv. f

Pour l'appointement de reception d'enquefte, & copie du procez verbal d'icelle, à l'arbitrage du tiers, & felon le nombre des roolles, à raifon de xii. deniers chacun.

Sommation de le paffer,   xvi, d

Appointement de reception d'Enquefte, & de Reglement à produire ; compris la journée, coppie & fignification   viij. f

Pour la Requefte de commandement de fournir des reproches   ij. f

Forclufion   ij. f

Appointement de publication d'Enquefte , compris la journée, coppie & fignification   vj. f

Communication de l'Enquefte à l'Huiffier   viii. f

Droit de Confeil fur les moyens de nullité des reproches   xij. f

Vin de Meffager   iv, f

Pour les Saluations des témoins, à raifon de xvj. f. par le Rolle.

Droit de reuifion moitié.

Pour la groffe iv. f. tournois pour Rolle.

Aduertiffement s'il y en a en l'Inftance , *idem*.

Reuifion, *idem*.

Groffe, *idem*.

Confultation pour produire .   xxxij. f

Inuentaire de Production felon la grandeur des rolles , comme deffus.

                                        Produit

Produit   iv. ſ.
Commandement de produire   ij. ſ.
Et ſi c'eſt à domicille, comme deſſus   vj. ſ. viij. d.
Voyage pour produire, d'homme de cheual, & deux jours de ſe-
     jour, s'il y a reglement à contredire.
Forcluſion, *idem*.
Autre forcluſion de contredire, *idem*.
Vin de meſſager   iv. ſ.
Communication en l'Inſtance   xvj. ſ.
Contredits, comme deſſus.
Reuiſion, *idem*.
Clérc d'Aduocat, *idem*.
Coppie de contredits, moitié du Clerc de l'Aduocat.
Pour les auoir offerts en baillant   x. d.
Pour les auoir offerts purement & ſimplement   x. d.
Forcluſions d'en fournir, comme deſſus.
Vin de meſſager pour apporter argent, afin de retirer leſdites
     écritures, ſelon la diſtance & qualité des eſcritures, & ordinai-
     rement   xlviij. ſ. ou iv. l. xvj. ſ
Droit de Conſeil ſur la coppie des contredits, quand il n'y a ſalua-
     tions   xij. ſ.
Et s'il y a ſaluations, ne ſera taxé aucun droit de Conſeil.
Pour la Requeſte d'empriſonnement, à faute de rendre l'Inſtan-
     ce   ij. ſ
Pour la contrainte   xxiv. ſ.
Vin de meſſager   iv. ſ.
Saluations, comme les contredits.
Reuiſion, moitié.
Clerc de l'Aduocat, comme deſſus.
Vin de Meſſager, comme deſſus.
Remiſe des ſacs, en cas de rediſtribution   xxiv. ſ.
Rediſtribution de l'Inſtance, au Greffier quelque nombre de ſacs
     qu'il y ait xvj. ſ. p. & pour vne forcluſion ix. ſ. viij. d. ſuiuât le 33.
     article dudit Reglement   xvj. ſ. & ix. ſ. viij. d.
Acte de rediſtribution   xvj. d.
Eſpices de la Sentence ſelon ce qui ſera écrit par la Sentence.
Prononciation ſuiuant ledit reglement, à raiſon de xij. ſ. x. d. pour
     la premiere fueille, & pour les autres ſuiuantes ix. ſ. viij. d. pour

G

les Sentences renduës fur productions   xij.f.x.d.

Et pour les forclufions   xij.f.

Façon & fignature de la Sentence, *idem.*

Suiuant ledit Reglement, comme deffus.

Iournée du Procureur   ij.f.

Coppie à raifon de deux fols tournois pour rolle, & fignification.
x.d. p. qui eft en tout   ij.f.vj.d.

Voyage de la qualité de la partie pour faire iuger à trois iours de
fejour.

Pour retirer les facs du Greffe en quel nombre qu'ils foient pour
vne mefme partie, oû plufieurs par mefme Procureur & mefme
production, fuiuant l'article vingt-quatre dudit Reglement
          iv.f.

Pour la declaration des dépens, à raifon de deux fols tournois
pour chacun article, bon

Pour la fignification   x.d.

Pour l'Executoire   vij.f.

Pour le feau   iv.f.

Si à la fignification de la Sentence il y a appel fera furcis ; mais
entrera en frais prejudiciaux ou defpens, y en ayant condamnation, le droit de declaration à raifon de x.d. pour article,
pourueu que l'appel foit depuis la fignification.

Sur renuoy fait aux Requeftes.

Pour l'Exploit de renuoy   xij.f.

Droit de Confeil   xij.f.

Prefentation   ij.f.

Reception   iv. f.

Voyage d'homme de cheual pour apporter, comme deffus.

Procuration   iv.f.

Vin de meffager portant aduis de la comparution   iv.f.

Congé, deffaut à faute d'accorder la retention, coppie & fignification au Palais   iij. f.iv. d.

A domicille   viij.f.viij.d.

Permiffion de le faire iuger, *idem.*

Droit de Confeil fur les fins declinatoires   xij.f.

Aduenir à l'Audiance fur la retention   iij. f. iv. d.

Si à domicille   viii f. viii d.

Iugement de retention par deffaut, coppie, fignification & iournée
    vj. f.

Vin de Meffager   iv. f.

Qualitez du Iugement de retention contradictoire   xx. d.

Deffaut à faute de deffendre au principal   iij. f. iv. d.

Acte contenant baillé coppie des pieces juftificatiues, à l'arbitrage du tiers, felon le nombre & grandeur des pieces.

Permiffion de le faire iuger   iij. f. iv. d

Droit de Confeil fur exceptions , afin de delay de quarante iours
    xij. f.

Appointement de delay, coppie, fignification & iournée   vj. f.

Autre appointement de delay de huictaine, *Idem.*

Vin de Meffager   iv. f.

Si la demande eft en declaration d'hypoteques, & que l'exception
foit, afin de veuë & monftrée Confeil   xij. f.

Pour l'appointement de veuë & monftrée   vj. f.

Si la veuë fe fait enfuitte par vn Sergent comme il eft ordinaire,
fon falaire du procez verbal fera taxé à l'arbitrage du tiers felon le tranfport.

Vin de Meffager pour la portée   viii. f. ou xij. f.

Pour la coppie & fignification à l'arbitrage.

Permiffion de faire iuger le deffaut, à faute de deffendre. iij. f iv. d.

Si l'exception eft afin de delay de garend , fera taxé   xij. f.

Pour l'appointement contenant ledit delay   vj. f.

Iterative permiffion apres le delay paffé   iij. f. iv. d.

Droit de Confeil fur les deffences au principal   xij. f.

Vin de Meffager   iv. f.

Pour les repliques   xij. f.

Ou fuiuant la grandeur.

    Appointement en droit fur les demandes & deffences, coppie,
fignification & iournée   viii. f.

Le refte de la procedure eft cy-deffus.

Sur vne demande en reconnoiſſance de cedule.

Il n'y a de plus, ſinon deux Iugements, l'vn portant que la promeſſe ſera miſe au Greffe, l'autre de reconnoiſſance d'icelle.

Pour ledit premier Iugement, coppie, ſignification & iournée
                                viii. ſ.
Pour l'acte que la promeſſe a eſté miſe au Greffe   xvj. d.
Droit du Greffier en la retirant   iv. ſ.
Iugement detenuë pour reconnuë   viii. ſ.
Iteratiue permiſſion, & le reſte comme deſſus.
Acte de preſentation de caution pour la prouiſion   viii. ſ.
Coppie & ſignification   iv. ſ.
Iournée   ij. ſ.

Les pourſuittes ordinaires pour la reception, par requeſte de
committitur deffaut ſauf, & pur & ſimple, dont la taxe eſt cy-
deſſus.

Declaration des facultez des cautions à l'arbitrage, ſelon la con-
ſiſtance.

Pieces iuſtificatiues d'icelles à l'arbitrage, *idem.*
Sentence de reception   xxiv. ſ.
Iournée   ij. ſ
Eſpices ſelon la taxe

Que ſi la cauſe ſe peut iuger en l'Audiance, au lieu de cét appointement en droit, on preſentera requeſte pour faire plaider la
cauſe en vne Chambre, pour laquelle ſera taxé   iv. ſ
A l'Aduocat pour s'àpreſter de plaider   xlviij. ſ.

Pour les aduenirs, & ſommations en vn ſeul article, ſçauoir
pour les aduenirs de la Chambre ſignifiez au Palais, y compris la
iournée   vij. ſ. iv. d

Si à domicille ſera adiouſté vj. ſ. iv. d. Pour les actes à raiſon de
xvj. d. & ſi à domicille   vj. ſ. viij. d.
Pour les qualitez de la Sentence   xx. d
Et ſi elles ſont grandes à l'arbitrage.
Et à domicille   vij. ſ

Si la cauſe eſt appointée, ſera payé au Greffier pour l'appointement contradictoire, ſuiuant l'article trente-vn dudit regle-
                                       ment

ment xij.f.x.d

 Pour ceux donnez par deffaut ou congé xij.f
 Pour la coppie & fignification iv.f
Pour la iournée ij.f
 Pour la Sentence fi la caufe eft iugée xij.f.x.d. pour chacun rol-
le, non compris la fignature fuiuant l'article 32
 Pour la fignature xvj. f parifis par rolle comme deffus.
Au Clerc d'Aduocat en retirant le fac xij.f
 Pour leuer la Sentence n'echet de voyage, ains *pro vino.* iv.l.
xvj.f. ou felon la diftance iv.l.xvj.f

En Complainte.

 La mefme procedure & droits qu'en l'inftance principalle cy-
deffus mentionnée, iufques au droit de Confeil fur les deffences
 xij.f
Repliques, il y en a xij.f ou à l'arbitrage felon la grandeur xij.f
 Si par les deffenfes on baptife poffeffion contraire, & fe fait vne
demande incidente, confultation xxiv.f
Pour les deffences xij.f ou à l'arbitrage xij.f
Pour l'appointement à écrire par intendits, & iournée viii.f
Intendits à xvj.f p. par rolle, comme deffus,
Reuifion, moitié,
Au Clerc pour la groffe, comme deffus,
Coppie; moitié,
Vin de Meffager, xxiv.f
Requefte de commandement d'en fournir ij.f
Forclufion ij.f
Requefte de commandement d'en accorder la clofture ij.f
Forclufions de ce faire ij.f
Vin de Meffager iv.f
 Appointement de clofture, & à faire preuue d'iceux, coppie,
fignification & iournée viii.f
Commiffions pour faire Enquefte dans les delays xij.f
Pour le feau iv.f
Clofture des faits iv.f
Pour la coppie retenuë xij.f ou felon la grandeur xij.f

H

Droit de Conseil sur la coppie baillée par le deffendeur   xij.f
Vin de Meſſager   iv.f

L'Enqueſte ſe fera en la maniere accouſtumée par les Iuges des lieux, auec adioint, ou pardeuant vn des Meſſieurs ſi c'eſt dans Paris ou ſur les lieux, s'il eſt ainſi ordonné, & on ſuiura les taxes ſelon qu'elles ſont cy-deſſus reglées.

Et ſi elles ſont exceſſiues à l'égard des Iuges des lieux, ſera déliuré executoire aux parties qui les auront auancées, pour repeter contre les Iuges, & autres qui les auront priſes.

Les procedures pour la reception & ſuitte, comme deſſus.

Reintegrande, au Ciuil.

Se fera meſme procedure, ſinon que l'appointement ſera à écrire & informer:

Au Criminel

Elle s'inſtruit par plainte, information, decret & autres procedures telles qu'en l'action criminelle, cy-deſſus mentionnée.

Quand il y a appel de la procedure extraordinaire, porté en l'Audiance de la Tournelle, on iuge ordinairement la reintegrande, ou bien on conuertit les informations en Enqueſtes, & pour proceder au principal ſur la pretention, on renuoye pardeuant Meſſieurs des Requeſtes du Palais, où l'on fait porter les informations, & ſe font de ſemblables procedures qu'aux autres inſtances, pour paruenir à Sentence diffiuitiue.

Complainte en matiere beneficialle.

Apres la preſentation de la cauſe & retention d'icelle, ſi c'eſt par renuoy que Meſſieurs des Requeſtes du Palais ayent eſté ſaiſis, on prend l'appointement à communiquer tiltres, pour lequel on taxe, compris la coppie, ſignification & iournée   vj.f

L'Acte d'offre des titres & capacitez, en baillant purement & ſimplement   iv.f

Deffaut, à faute d'en fournir   iii.f.iv.d

Pour les coppies des titres & capacitez à l'arbitrage, ou au moins   xxiv.f

Permiſſion de faire iuger le deſfaut   iij.ſ.iv.d

Pour le droit de Conſeil ſur les titres communiqués   xij.ſ

Vin de Meſſager   iv.ſ

    Pour l'appointement à eſcrire par Meſſieurs , coppie, ſignifica-
tion & iournée   vj.ſ

Pour le Vin du Meſſager   iv.ſ.

    Eſcritures par memoires à l'Aduocat, à raiſon de xvi. ſ. pariſis
pour le rolle.

Reuiſion, moitié.

Clerc de l'Aduocat, comme deſſus iv.ſ. tournois pour rolle.

Coppie moitié, outre la ſignification.

Vin de Meſſager à l'arbitrage, & au moins   xxiv.ſ

Deſfaut, à faute d'en fournir   iii.ſ.iv.d

Permiſſion   iii.ſ.iv.d

Demande n'en ſera taxé.

Eſpices de la Sentence   iij.ſ

Prononciation   vi. ſ. v.d.

Façon & ſignature, comme deſſus

Article 39. du Reglement.

Iournée   ii.ſ

Coppie & ſignification   iv.ſ

Vin de Meſſager à l'arbitrage   xxiv.ſ

Ou ſi l'on en fournit pour le droit de Conſeil   xij.ſ

Pour la Requeſte, afin de recreance à la Chambre   viij. ſ

A l'Aduocat   xlviij.ſ.

Pour les aduenirs en vn ſeul article, comme deſſus.

Iournée de la ſentence   ii.ſ

Façon & ſignature, comme deſſus.

Pour le Clerc de l'Aduocat en retirant le ſac   xij.ſ

Si la recreance eſt iugée, elle s'execute par prouiſion.

Au principal d'ordinaire les parties ſont appointées en droit.

    Pour l'aduertiſſement, reuiſion, Clerc de l'Aduocat, conſulta-
tion pour produire, & le reſte comme en une autre inſtance.

Requeſte de *committitur* pour faire verifier la ſignature.   iv.ſ

Ordonnance pour conuenir des Banquiers   iij.ſ.iv.d

    Pour les coppies, & aſſignations aux deux Banquiers & à la par-
tie   xxiv.ſ

Deſfaut, & aſſignation ſur iceluy, *idem.*

Si la demande en complainte eſt introduitte en premiere inſtance, aux requeſtes du Palais, le deffaut, faute de comparoir emporte la recreance, & au principal reaſſigné, & audit cas ſe taxe pour la demande   xxiv.ſ

Et ſi la demande a commencé en autre iuriſdiction, & qu'elle ſoit renuoyée en ladite Cour, le congé, deffaut n'emporte autre choſe, que la retention ſuffira pour ladite demande de   xij.ſ

Incident de faux.

La procedure eſt par deffaut & permiſſion de mettre la piece au Greffe, & par congé & permiſſion, à faute de fournir de moyens de faux, dont les taxes ſont cy-deſſus reglées.

Incident des lettres, & demande incidente.

Idem que deſſus en l'inſtruction principalle par deffaut, & permiſſion & appointement en droit & ioint.

Criées.

Idem que cy-apres en la taxe du Parlement, ſinon par deffaut, & permiſſion pour le congé d'adjuger.

L'on prend trois remiſes apres l'adjudication, ſauf quinzaine, pour leſquelles au Procureur   xij.ſ

Au Greffier ſuiuant le 74.article du reglement du premier Iuin 1647.   viij.ſ

A l'Huiſſier, ſuiuant le meſme article   vi.ſ. v. d

Les autres remiſes tombent en frais extraordinaires, comme les procedures diſtinguées, comme dit eſt cy-apres, en la taxe

du

du Parlement, & aufquelles il fe faut arrefter,& audit reglement du premier Iuin 1647.

Item pour les voyages & iournée de l'adiudicarion, pure & fimple.

Pour la groffe du decret en mettant 22. lignes à la page , & 15. fyllabes à la ligne , xii.f. tournois pour rolle , fuiuant les articles 37. & 77. dudit reglement de 1647.

Pour le fcel fuiuant le 78. article dudit Reglement   iv.f.p.

Idem pour la pourfuitte de l'ordre, obferuer les modifications portées par l'arreft du 17. Ianuier 1664. qui annulle beaucoup de procedures, qui fe faifoient cy-deuant à la foule des parties.

Idem pour les inftances de preference & de contribution , fui-uant ledit arreft.

Pour les baux iudiciaires, fuiuant l'arreft de Reglement donné à la pourfuitte du Commiffaire general du douziéme Aouft mil fix cens foixante-quatre.

Frais de licitation.

Infra en la declaration des frais du Parlement.

Frais de partage, idem cy-apres en la declaration des frais du Parlement,

Frais de compte, idem, & à l'égard des taxes des requeftes de l'Hoftel à l'ordinaire. Idem qu'aux requeftes du Palais.

Baillage du Palais.

Le Baillage du Palais n'a point de Greffe des Prefentations. C'eft pourquoy l'on n'en taxe point , mais feulement le droit de confultation fur la demande qui eft de xii. f. Les exploits de Ser-gens iv.f. ou viii.f. felon la diftance des lieux où ils vont : les def-fauts du Greffe ii.f.v.d. & les autres expeditions & fentences, fe-lon les taxes qui fe trouuent fur icelles.

Pour les vacations des appofitions des fcellez Inuentaires, compte & partage. Idem qu'en la Iuftice Royalle du bailage de l'Artillerie.

Conneſtablie, & Mareſchauſſée de France.

En premiere inſtance en matiere criminelle comme au Châ-
telet, en cauſe d'appel des Preuoſts, vis-Baillifs, vis-Seneſchaux &
Lieutenants Criminels de robbe courte, pareils droits qu'aux Preſidiaux.

Et quand aux droits du Greffier dudit ſiege, ont eſté reglés, par
arreſt du douziéme Decembre 1646.

Admirauté.

Le ſiege de l'Admirauté pour la taxe des dépens, eſt de meſme
qu'à la Conneſtablie & Mareſchauſſée.

Eaux & Foreſts.

Preſentation aux Eaux & Foreſts en cauſe d'appel, ſera taxé aux
Iuges ſouuerains . . . lj.ſ. ij.d
Conſultations xlviii.ſ
Et les autres procedures de meſme qu'au Parlement.

Mais és cauſes eſquelles les Iuges ne ſont ſouuerains, comme
aux Preſidiaux.

Baillage du fort l'Eueſque, de ſaint Germain, & au-
tres Iuſtices ſubalternes de Paris.

Les droits ſont reglés ſur ceux du Châſtelet, à la reſerue des
preſentations, droit de controolle, & quart enſus qui ne ſe
payent point auſdits baillages.

Pour la vacation d'vne matinée, ou apres diſnée entiere des
Baillifs, & autres Iuges des baillages, du fort l'Eueſque, & de ſaint
Germain.

Pour les appoſitions & leués de ſcellé, inuentaires, comptes &
partages iv. l. xvi. ſ. & pour les autres juges des autres juſtices
xlviii. ſ

Aux Procureurs fiscaux s'ils y ont assisté, és cas esquels ils y doiuent assister & non autrement.

Et aux Procureurs des parties les deux tiers de la taxe du juge.

Le Greffier n'aura aucune vacation, mais seulement sa grosse.

Iuges Consuls.

Premierement pour la presentation de chacun premier exploit, sera payé par le demandeur, tant pour luy que pour le deffendeur ii. ſ. tournois.

Pour l'enregistrement de chacun iteratif commandement, ou autres assignations faites & données en execution d'autres ordonnances ou sentences, sera payé par le demandeur, tant pour luy que pour le deffendeur ii. ſ. tournois.

Pour chacun feuillet d'écriture de toutes cõmissions, ordonnances, appointemens, jugemens, sentences, executoires de dépens, & tous autres actes & expeditions qui se déliureront audit Greffe ii. ſ. tournois, sçauoir vn ſol pour le droit de signature du principal commis à l'exercice d'iceluy, & vn ſol pour le droit d'écriture pour le Clerc, pour chacun défaut d'iteratif commandement deux ſols; sçauoir vn ſol pour le droit de signature, & vn ſol pour le Clerc. Pour la reception de toutes sentences, jugemens & autres actes, qui seront passés au Greffe du consentemét des parties, sera payé seulement vn ſol, outre la presentation. En cas qu'elle ait esté payée, & la grosse s'il la conuient leuer, ne sera pris aucun droit de presentation des parties deffenderesses, pour obtenir congé des assignatiõs qui leur auroit esté données, mais seulement la grosse dudit congé où il conuiendroit la leuer. Comme aussi ne sera pris aucun droit du demandeur pour les presentations des cautions, & certificateurs presents en execution, de toutes sentences de prouisions ou diffinitiues: De plus pour dresser des dictums des differents remis à la chambre, & iugez à jour ordinaire, quoy qu'il y ait veuë des pieces, ne sera pris aucune chose, soit qu'ils soient interlocutoires, prouisoires ou diffinitifs.

Pareillement ne sera pris aucun droit pour la reception de toutes enquestes faites pardeuant autres Iuges, ny pour la décharge desdites Enquestes: Et en cas d'appel seront les Enquestes portées au Parlement gratuitement & sans aucun salaire.

COVR

DE

PARLEMENT.

APPELLATIONS VERBALLES

DE LA

GRAND' CHAMBRE.

Pour le Confeil fur l'appel   xii. ſ

  Pour les lettres de relief, ou anticipation d'appel xxxii. ſ. & s'il y a pluſieurs ſeaux ſuiuant la taxe   xxxii. ſ

Memoires   iv. ſ

  : Vin de Meſſager pour le porter ſur les lieux à l'arbitrage du tiers, & au plus éloigné   xii. ſ

  Pour les exploicts d'aſſignations taxer ſelon le tranſport, du Sergent à Paris xii. ſ. à deux licuës xlviii. ſ. à trois & quatre lieuës lx. ſ. & s'il paſſe pour chacune iournée lxxii. ſ. & en fait de criées iv. l. xvi. ſ. par iour.

  Nota, qu'vn Sergent porteur d'vne ſentence ou arreſt qui ſe tranſportera de la demeure du demandeur pour la mettre en exe-cution, ou ſaiſir réollement, ne pourra pretendre ſa taxe d'eſtre allé exprés, mais ſera taxé pour homme de cheual de la demeure du demandeur, iuſques à celle du deffendeur, s'il y a des Sergens

ou

ou bien de la plus prochaine ville de fa demeure, & fi ce n'eft que pour vn fimple exploit, fuffira d'homme de pied ; & ou le deffendeur feroit qualifié ou redouté en ladite ville, encores qu'il y aye des Sergens, fera taxé pour le tranfport d'vn Sergent de la plus proche ville.

S'il fait vn exploit à vn Prince, Marefchal de France, ou autres qualitez approchantes   xlviii. f.

L'on n'a point accouftumé de s'arrefter aux receus des Sergens, s'ils ne fe trouuent raifonnables.

Pour la prefentation	lii. f.
Pour vne procuration	iv. f.

Voyage pour apporter l'exploit pour homme de cheual, fi la partie eft de la qualité pour dix lieuës par jour, tant à venir que retourner, & vn iour de féjour, à raifon de lx. f. par iour   lx. f

Et pour l'homme de pied	xxiv. f
Aduis fur la prefentation	iv. f
Liure rouge	ii. f

Deffaut leué aux prefentations non fcellé, xxxvi. f. à vn feau lii. f. s'il y a plufieurs fceaux fuiuant la taxe.

Pour la journée	v. f
Pour la demande	xxiv. f
Pour le vin	xii. f
Exploit de readjournement	xii. f
Où felon le tranfport.	
Prefentation fur le readjournement	xxvi. f

Vin de Meffager pour apporter l'affignation, felon la diftance, & au plus   xlviii. f

Caufe mife au rolle ordinaire	vi. f. iv. d
Adjoufté au rolle	xxiv. f
Pour le placet & fignification	ii. f. viii. d
A l'Aduocat	xlviii. f
Appointement au Confeil prefenté	xx. d
Sommation de le paffer	xvi. f
Premier Huiffier qui paraphe l'appointement	iv. f.

Arreft d'appointé au Confeil, fuiuant le reglement de Iuin 1664.   xii. f

Iournée	v. f.
Coppie & fignification	iv. f

K

Pour chacun auenir pris au Greffe pour plaider, fuiuant le reglement   vi.f.iv.d

Iournée, coppie & fignification   iv.f

A l'Aduocat   xlviii.f

A fon Clerc en retirant le fac   xii.f

Placet refpondu   ii.f.viii.d

Toutes les fommations pour venir plaider s'employeront
en vn feul article, & fe taxeront chacune à raifon de xvi. d. &
fi elles font fignifiées à domicille, feront taxées chacune viii. f.
                                                    viii.d.p.

Au Secretaire de Monfieur le Prefident pour vn adioufté xxiv.f.

Au premier Huiffier pour l'adioufté au rolle, *fuprà*,

L'on ne leue point d'appointement au Confeil fur tels rolles, ny
fur appellations comme d'abus, & requeftes ciuilles, quoy que
mifes aux rolles ordinaires.

Les Arrefts, à raifon de la taxe, qui paroiftra fuiuant le nouueau
Reglement du 27. Iuin 1664.

Pour le comparant au Greffe   ii.f.viii.d

Pour l'Huiffier qui rapporte   iv.f

Pour l'appointement au Confeil & joint, fuiuant le reglement.

Iournée du Procureur   v.f

Coppie & fignification   iv.f

Les requeftes de commandement, & forclufion de fournir, de
caufes d'appel, ou de refpôfes, feront taxées à raifon de ii.f.viii.d.
& à domicille viii.f.viii.d

Pour les Efcritures des Aduocats feront payées à raifon de xvi. f.
parifis pour rolle   xvi. f

La reuifion, moitié.

Au Clerc, à raifon de iii.f.iiii.d.parifis pour rolle   iii. f.iiii.d

Confultation pour produire   xlviii.f

Inuentaire de production fe taxera, fçauoir rolle fimple, à rai-
on de iv.f.p. & double en grand papier viii.f.p.   iv.f.ou viii.f

Pour le produit, fuiuant le reglement de Iuin, mil fix cens foixante-quatre   vi.f.iv.d

Voyage pour produire d'homme de cheual & trois iours de féjour & en cas qu'il y ait arreft à contredire, quand mefme il n'y
auroit qu'vn employ, & s'il n'y a point à contredire, taxer pour le

vin iv.l.xvi.f.pour les pays éloignez . . . iv.l.xvi.

Les requeftes de commandement, & forcluſion de produire
ii.ſ.viii.d

Eſpices de l'arreſt à contredire   lii.ſ

Façon, ſuiuant le reglement ſuſdit.

Iournée   v.ſ

Coppie & ſignification   iv.ſ

Vin de Meſſager, ſelon la diſtance & au plus   xii.ſ

Communication de l'inſtance compoſée de deux ou quatre ſacs
xvi.ſ. quand ils excederont de chacun iv.ſ. au delà contredits,
comme deſſus.

Reuiſion, *idem*.

Greffe, *idem*.

Vin de Meſſager, ſelon la diſtance & nôbre des rolles , xlviii.ſ.
p.iv.l.xvi.ſ.p ou à l'arbitrage.

Coppie, moitié du Clerc d'Aduocat,

Signification en baillant   viii. d

Signification pure & ſimple   viii.d

Si la cauſe eſt appointée au Conſeil ſur le rolle, ſans eſtre plai-
dée, ne ſera taxé que pour le vin de Meſſager   iv.ſ

S'il y a deffaut ou congé ſera taxé.

Voyage de la partie, ſelon ſa qualité.

Les demies preſentations ſe taxent, tant en la Cour, que
Cour des Ay.. autant de fois comme il y aura des nouueaux
Parlemens, juſques à ce que la cauſe ſoit iugée en l'Audiance, ou
appointée.

Appel incident.

Pour la requeſte, contenant appel   xii.ſ

Si elle n'eſt grande, & qu'elle contienne employ pour cauſe
d'appel, auquel cas ſera taxé à raiſon de xxiv.ſ. chacun rolle.

Pour le droit de preſentation ſur cet appel   xxvi.ſ

Pour le droit de conſultation   xlviii.ſ

Vin de Meſſager à l'arbitrage, ſelon la diſtance & au plus
xlviii.ſ

Pour l'appointement au Conseil presenté   xx.d
Pour la dōmmation de le passer   xvi.d
Pour le comparant au Greffe   ii.s.viii.d
A l'Huissier qui a rapporté   iv.s
Au Greffier pour l'appointement   xii.s
Pour la coppie & signification   iv.s
Iournée   v.s
Vin du Messager, selon la distance.

     Le reste des procedures pour l'execution, se feront & seront taxées comme les autres de l'appel principal.

Pour la consultation, sur l'employ   xlviii.s
     Pour la requeste de cause d'appel, selon la grandeur, & au moins
                           xxiv.s

Incident de Lettres.

Pour le droit de consultation auant de les obtenir   xlviii.s
Pour les memoires   iv.s
     Pour les lettres, selon qu'elles sont grandes, y compris ce que l'on trouuera de taxé pour le sceau.
Vin de Messager, à l'arbitrage, & selon la distance.
Pour la requeste de *committieur* pour l'enterinement   ii.s.viii.d
     Et sera adjousté pour la coppie des lettres, selon qu'elles seront grandes.
Deffaut sauf   iii.s.iv.d
     Et s'il y a plusieurs Procureurs, sera adjousté x.d. pour chacune signification, & quatre deniers pour chacune coppie.
Deffaut simple, *idem*   iii.s.iv.d
     Celuy aux Ordonnances, y compris la iournée, coppie & signification   x.s
     Et s'il y a plusieurs Procureurs, sera adjousté ii.s. pour chacune signification, & iv.d. pour la coppie.
Vin du messager, selon la distance.
Demande,   xxiv.s
Inuentaire,   xxiv.s
Produits des deffauts   iv.s
Espices de l'Arrest sur deffaut   lii.s
Façon & signature, suiure le Reglement de Iuin 1664.

                                  La

La remife du deffaut au Greffe, viii. f.

Pour le retirer du Greffe fuiuant ledit reglement, iiii. f.

Pour la iournée, v. f.

Coppie & fignification, iiii. f.

Vin de Meffager felon la diftance,

Exploit de fignification, fi dans Paris, & par vn Huiffier de la Cour compris la coppie, xvi. f.

Et fi à la campagne felon le tranfport de l'Huiffier qu'il cottera comme deffus.

Nota, qu'à tous Sergens il ne leur eft taxé par iour pour fimples Significations de faifies, & Arrefts que, lxxii. f.

Si à Paris, xii. f.

Et quand ils font quelque Executions de meubles, fi c'eft à Paris fans tranfport, xxiiii. f.

Et s'il y a tranfport felon la Vacation, Prefentation fur le Readjournement, xxvi. f.

Vin de Meffager pour apporter l'Affignation felon la diftance des lieux, & neantmoins pour les païs plus efloignez ne fera taxé au plus que iiii l. xvi. f.

Des païs moins efloignez que cent lieües, xlviii. f.

Et des autres Villes de moindres diftances à proportion, & les moindres feront de, xii. f.

Appointement à produire fur le debouté de deffences prefenté, xx. d.

Sommation de le paffer, xvi. d.

Le comparant au Greffe comme deffus.

A l'Huiffier, *idem*,

Au Greffier, *idem* que deffus.

Iournée, v. f.

Coppie & Signification, iiii. f.

Vin de Meffager felon la diftance,

Confultation pour produire, xlviii. f.

Inuentaire de Production fuiuant les Roolles cy-deffus reglez.

Produit, vi f. v. d.

Vin de Meffager pour produire felon la diftance.

Forclufion de Produire comme deffus.

Vin de Meffager pour aduertir felon la diftance.

I.

Requeftes Ciuiles , & incidens d'icelles.

Pour la confultation du demandeur taxé fi elle eft reprefentée
  & fignée d'Aduocats,   vii. l. iiii. f.
Memoires ,   xii. f.
Pour la confultation au deffendeur,   iiii l. xvi. f.
Pour les Memoires,   xii. f.
Pour l'obtention des Lettres à l'arbitrage du tiers , eu égard
  à la grandeur & merite de l'affaire y compris le Seau dont la
  taxe eft toufiours fur la Commiffion.
Pour les Memoires,   xii. f.
Voyage pour faire la confultation & obtenir les Lettres, pour
  homme de cheual ou de pied felon la qualité.
Pour l'Exploit d'affignation fur l'entherinement felon la diftan-
  ce des lieux ou le Sergent s'eft tranfporté, tel qu'il a efté re-
  glé cy-deffus.
Que fi les Lettres font incidentes en la caufe , on ne laiffera
  pas de taxer comme és autres cas.
Pour la Prefentation,   lii. f.
Pour la Procuration,   iiii. f.
Pour le vin de Meffager qui donne aduis de la Comparution,
  iiii. f.
Pour la Requefte de Prefentation defdites Lettres & coppie d'i-
  celle à l'arbitrage du tiers, fuiuant la grandeur.
Pour les Aduenir, Placets & Sommations, pour plaider, fuiure
  ce qui eft dit cy-deffus en l'inftruction de la caufe d'appel.
A l'Aduocat pour s'aprefter de plaider,   ciiii. f.
Pour la journée,   v. f.
Si elle eft appointée au Confeil en plaidant fera taxé voyage
  d'homme de cheual, & trois iours de fejour, fi iugée definiti-
  uement , voyage felon la qualité.
Pour l'Arreft s'il eft diffinitif ou autrement, fuiure pour iceluy le
  Reglement de Iuin 1664.
Suiure ce qui a efté dit cy-deffus pour l'inftruction de la caufe
  d'appel, n'y ayant rien à changer pour l'vne ou pour l'autre des
  parties, finon le mot de Moyens de Requefte Ciuille au lieu
  de Caufe d'appel.

En cas d'Appointé au Conseil ne sera taxé qu'vn vin pour produire, attendu qu'il y a eu voyage pour faire plaider la cause, encores ᵕᵉ le Reglement porte à contredire, suiuant qu'il est dit cy ᵕffus sur les Appellations Verballes.

A obseruer ᵕ ᵕ ᵕ art le deffendeur esdites Lettres qu'il luy faut taxer vn voyage ainsi qu'au demandeur pour homme de cheual ou de pied, selon la qualité & distance.

Pour les Aduocats assistans à chacun xlviij. s. pour chacune comparution,   xlviij. s.

Incident de Faux.

Droit de Consultation auant former l'Inscription,   xlviii. s.

Pour les Memoires,   iiii. s.

Pour vne Procuration speciale,   iiii. s.

Pour l'Inscription en Faux, selon le Reglement de Iuin 1664. outre la signature,   xii. s.

Pour la journée,   v. s.

Coppie & Signification.   iiii. s.

Si elle est à domicille sera taxé pour le tout,   x. s.

Voyage d'homme de cheual pour former à l'Inscription selon la distance.

Requeste de Commandement de mettre la piece au Greffe,
                                                        ii. s. viii. d.

Deffaut aux Ordonnances faute de mettre la Piece,   x. s.

Suiure la procedure cy-dessus sur la demande faite de deffendre, si le deffaut est baillé à juger.

Pour la Forclusion de satisfaire à l'Arrest qui porte toufiours que dans vn temps.   ii. s. viii. d.

Pour mettre la piece maintenuë au Greffe,   iiii. s.

Pour auoir pris communiquation de la piece maintenuë fausse, suiuant le Reglement du mois de Iuin, article 43.   xvi. s.

A l'Aduocat pour les Moyens de Faux à raison de xvi. s. par. le roolle.

Droit de Reuision, moitié.

Clerc d'Aduocat pour la Grosse à raison de iii. s. iii. d. par. comme dessus.

Pour le mis desdits Moyens de Faux, & pour iceux faire apre-

ſter auec la piece maintenuë fauſſe, ſuiuant ledit Reglement,
viii. ſ.

Eſpices de l'Arreſt ſur leſdits Moyens de Faux, voir au Greffe.

Signature, ſuiure ledit Reglement du mois de Iuin 1664.

Iournée, v. ſ.

Coppie & Signification, iiii. ſ.

Si leſdits Moyens de Faux ſont joints, il n'y a autre procedure à faire que de joindre l'Arreſt à l'Inſtance principalle, pour laquelle jonction ii. ſ.

Pour le vin ſelon la diſtance & du moins, xxiv. ſ.

Si l'Inſcription en Faux a eſté formée en vne cauſe portée à l'Audiance, ſera taxé pour la remiſe des Moyens de Faux & pieces maintenuës fauſſes, xxiv. ſ.

Pour les faire bailler à Meſſieurs les Gens du Roy, ſuiure ledit Reglement de Iuin.

Au Clerc de Monſieur l'Aduocat General pour la remiſe, xxiv. ſ.

Si les Moyens de Faux ont eſté declarez pertinents admiſſibles, pour vne Ordonnance de Monſieur le Rapporteur pour conuenir de pieces de comparaiſon, & pour faire entendre teſmoins ſur la fauſſeté alleguée de la piece, iii. ſ. iiii. d.

Et ſi elle eſt à domicille, x. ſ. iiii. d.

Voyage d'homme de cheual pour les faire iuger ſelon la diſtance.

Pour le Deffaut pareille taxe, iii. ſ. iiii. d. ou x. ſ. iiii. d.

Comparution du Procureur, xii. ſ.

Et ſuiure ainſi des autres Deffauts s'ils s'en obtient.

Pour la vaccation du Procureur au iour de la conuention des pieces de comparaiſon, xlviii. ſ.

Pour la vaccation de Monſieur le Commiſſaire ce qu'il luy plaira.

Pour la groſſe du Procez verbal à ſon Clerc à raiſon de cinq ſols tournois pour roolle.

Coppie & ſignification du Procez verbal à raiſon d'vn ſol pariſis pour roolle de groſſe.

Eſpices de l'Arreſt ſi aucun interuient ſur le rapport dudit Procez verbal, le tout ſelon qu'il en paroiſtra.

Façon & ſignature de l'Arreſt ſuiuant le Reglement.

Iournée, v. ſ.

Coppie & ſignification dudit Arreſt ſelon la grandeur, à raiſon de ii. ſ. par roolle. Vin

Vin de Meſſager ſelon la diſtance du moins, xlviii. ſ.

Ordonnance de Monſieur le Commiſſaire pour aſſigner des Experts ou témoins pour depoſer les exploits qui ſe trouueront auoir eſté faits ſe taxeront pour ceux faits à Paris aux domiciles des témoins, à raiſon de xii. ſ. pour chacun, outre ii. ſ. viii. d. pour la groſſe de l'Ordonnance.

Si les aſſignez ne comparent ſeront reaſſignez par vertu des defauts, pour leſquels ſera taxé comme deſſus, & adjouſtées les comparutions du Procureur.

Pour la vaccation de Monſieur le Commiſſaire pour auoir oüy les témoins ſuiuant la taxe.

Pour le Greffier moitié.

Pour la groſſe à raiſon de iiii. ſ. pour roolle, iiii. ſ.

Pour les Procureurs qui les auront produits, pour chacune vaccation du matin ou de releuée, xxiiii. ſ.

Pour le ſalaire en vn ſeul article de tous les témoins ce qui ſe trouuera auoir eſté taxé ſinon à raiſon de iiii. ſ. pariſis chacun, quand il n'y aura aucune taxe, iiii. ſ.

Droit de Conſeil ſur cette procedure, xii. ſ.

Pour auoir fait mettre le tout au Parquet de Meſſieurs les Gens du Roy, ſçauoir les pieces maintenuës fauſſes, moyens de faux & information. xxiiii. ſ.

Eſpices des concluſions ſelon la taxe.

Pour l'enregiſtrement des Interlocutoires, xxx. ſ.

Pour les Diffinitiues. iii. l.

Et pour les plus grandes excedantes trois roolles & au deſſus, de quelque grandeur qu'elles ſoient, ſix liures, leſquelles ſeront eſcrites en grand papier à la maniere accouſtumée. vi. l.

De chaque oppoſition qui ſera formée au Parquet dont ſera deliuré vne expedition à la partie, xx. ſ.

Au Clerc du Subſtitut pour la remiſe xxiiii. ſ. & s'il y a plus de quatre ſacqs xlviii. ſ.

Eſpices de l'Arreſt ſuppoſé, decret d'Adiournement perſonnel voir au Greffe.

Façon & ſignature ſuiuant le ſuſdit reglement.

Iournée, v. ſ.

Coppie & Signification, iiii. ſ.

Voyage d'homme de cheual pour faire informer & decretter ſe-

M

lon la diftance.

Pour l'Exploit de Signification du Decret & Affignation, fi dans
Paris compris la coppie de l'Arreft portant decret, xvi. f.

Et fi à la Campagne felon le tranfport du Sergent à la raifon
que deffus.

Prefentation, xxvi. f.

Vin de Meffager pour aduis felon la diftance.

Droit de Confeil fur la comparution perfonnelle , xii. f.

Vaccation de Monfieur le Rapporteur pour l'interrogatoire fuiuant fa taxe.

Au Greffier moitié.

Groffe à raifon de iiii. f. pour Roolle.

Confultation fur l'Interrogatoire, xxiii. f.

Si le furplus de la pourfuitte fe fait extraordinairement fera le
Memoire cy-apres pour les maticres Criminelles fuiuy &
obferué.

Vin de Meffager qui a donné aduis de l'infcription en faux, iiii. f.

Iournée de l'Arreft fur les moyens de faux. v. f.

Voyage d'homme de cheual pour conuenir de pieces de com-
paraifon felon la diftance.

Au Procureur qui a affifté à ladite conuention comme deffus, xlviii. f.

Autre voyage pour comparoir en perfonne , & eftre interrogé
felon la qualité & diftance.

Pour la prefentation au Procureur xxvi. f.

Droit de Confeil apres fon Interogatoire, xii. f.

*Autres demandes non incidentes en vertu de commiffions ou
Requeftes qui s'inftruifent à la Barre.*

Pour la confultation auant d'intenter l'action, xlviii. f.

Pour les Memoires, iiii. f.

Pour la Commiffion ou Requefte à l'arbitrage du tiers.

Pour les Memoires de la Commiffion, iiii. f.

Pour l'Exploit d'Affignation felon la diftance.

Pour le voyage d'homme de Cheual pour apporter l'Exploit,
idem, comme deffus.

Prefentation, xxvi. f.

Vin de Meſſager portant aduis de la comparurion, iiii. ſ.

Les autres procedures à faute de deffendre comme deſſus.

Acte contenant baillé coppie des pieces iuſtificatiues à l'arbitrage du tiers, & ſelon la grandeur.

Droit de Conſeil ſur les deffenſes, xii. ſ.

Pour les Repliques & Dupliques, s'il y en a à l'arbitrage.

Sera obſerué de ne point employer ny taxer aucun droit de Conſeil ſur exceptions ſi elle ne ſont fins declinatoires, veuë, delay de garends, & à deliberer, & en ces cas, xii. ſ.

Appointement en droit ſignifié cinq fois, xvi. ſ.

Le reſte de l'inſtruction de telles inſtances ſe trouuera cy-deſſus.

S'y en l'inſtance interuient Arreſt auant que faire droit on conteſtera plus amplement, voyage pour homme de Cheual ſelon la diſtance.

Pour la Requeſte de *Committitur*, ii. ſ. viii. d.

Pour l'acte & coppie baillé des pieces à l'arbitrage & ſelon la grandeur.

Pour les deffauts & le reſte de la procedure comme aux autres inſtances.

L'appointement en droit qui ſera pris portera ionction à l'inſtance.

S'il ſuruient Arreſt Interlocutoire à faire deſcente & Enqueſte, ſuiure ce qui a eſté obſerué ſur pareils Interlocutoires des Procez par écrit.

Pour les inſtances ſommaires la deſpenſe ordinaire en eſt reglée; pour les demandeurs à viii. l. pariſis, & quand il y a des demandes incidentes on en pourra articuler la deſpenſe y declarée, quand il ny a point de liquidation comme d'vne autre inſtance, ſinon qu'il n'y entrera point de voyages, ains ſeulement des vins de Meſſager ſelon la diſtance qui ne ſeront moindres de, xii. ſ. ou xxiiii. ſ.

Eſpices de l'Arreſt ſelon qu'il y en aura.

Arreſt, façon & ſignature ſuiuant le reglement.

Iournée, v. ſ.

Coppie & ſignification, iiii. ſ.

Retrait du ſacq, xvi. ſ.

Si telles Requeſtes ſommaires ſont renuoyées à la Barre, elles ſeront pourſuiuies comme vne autre inſtance.

Requeftes appointées à mettre en l'Audiance.

Pour la confultation fur la demande,	xxiiii. f.
A l'Aduocat pour s'aprefter,	xlviii. f.
Les Auenirs pour plaider comme deffus.	
Pour le Procureur qui a plaidé,	xxiiii. f.
Qualitez,	xx. d.
Arreft pour la façon, fi par deffaut xxiiii. f. fi contradictoire xxxii. fuiuant l'article 21. du Reglement,	xxiiii. f. ou xxxii. f.
Coppie & fignification,	iiii. f.
Iournée du Procureur, fi l'Aduocat a plaidé,	v. f.
Pour auoir retiré du Clerc de l'Aduocat,	xii. f.
Confultation pour produire,	xlviii. f.
Inuentaires de production felon les Roolles.	
Acte portant declaration de produit chez Monfieur le Rapporteur,	xvi. d.
Efpices felon qu'il y en aura.	
Arreft, façon fuiuant le reglement,	xxxii. f.
Article 24.	
Iournée,	v. f.
Coppie & fignification,	iiii. f.
Retrait du facq,	xvi. f.
S'il paffe au Greffe remife,	xxiiii. f.
Vin de Meffager felon la diftance qui n'excedera xii. f. xxiiii. & xlviii. f.	

Obferuations pour défpens qui fe taxent en vertu d'Arrefts de la Chambre de l'Edit.

Pour la Requefte afin de retention,	iiii. f.
Pour vn Certificat de la profeffion du demandeur à l'arbitrage.	
Pour l'acte & coppie baillée du Certificat.	iiii. f.
Pour l'Aduocat,	xlviii. f.
A l'Huiffier qui a rapporté,	iiii. f.
Pour les qualitez,	xx d.
Pour l'Arreft,	xxiiii. f.
Iournée du Procureur,	v. f.
	Pour

Pour la coppie & fignification,   iiii. f.
Vin de Meſſager ſelon la diſtance.
Clerc d'Aduocat,   xii. f.
Si c'eſt par interuention pour la Requeſte,   xii. f.
Droit de Conſultation,   xxiiij. f.
Et le reſte comme les autres ſemblables procedures que deſſus,
    cy deuant reglées.
Si c'eſt par interuention & euoquation, *idem* que deſſus.
Pour la remiſe de l'inſtance à la Grand Chambre, ou des En-
    queſtes,   xlviii. f.
Au Greffier pour la Rediſtribution,   xxiiii. f.
Pour la faire appreſter,   iiii. f.
On ſuit apres les derniers Erremens, & les procedures ſont ſem-
    blables qu'à la Grand Chambre & Enqueſtes, meſmes pour les
    incidens.

Demande en condamnation d'vn defaut.

Premierement n'en ſera point fait de demande ſi les frais n'exce-
    dent vi. l. tournois.
Mais ſupoſé qu'ils excedent cette ſomme pour le droit de Conſeil
    ſur la demande,   xii. f.
Pour la Requeſte,   iiii. f.
Ne ſeront taxées les autres procedures ſuiuantes pour y deffen-
    dre, que le Procureur n'ayt communiqué manuellement les
    pieces iuſtificatiues au Procureur du deffendeur.
Defaut, ſauf trois iours,   iii. f. iiii. d.
Defaut ſimple,   iii. f. iiii. d.
Defaut aux Ordonnances,   x. f.
Appointement de condamnation preſenté.   xx. d.
Sommations de le paſſer,   xvi. d.
Requeſte de permiſſion de faire iuger le defaut, ii. f. viii. d.
Ne ſera pris d'appointement endroit ſur les deffences ou offres qui
    ſeront faites, & ſi les Procureurs par aduis d'anciens ne ſe peu-
    uent accorder, le defaut ſera baillé à iuger en la maniere cy-de-
    uant dite, auquel ledit deffendeur ioindra ſes offres & moyens,
    ſi bon luy ſemble.

N

Demande en condamnation de frais Preiudiciaux.

La mefme procedure que fur la demande cy-deffus fera Icy ob-
feruée, & les taxes des procedures reglées de mefme.

Demande en Peremption d'inftances.

Pour le droit de confultation & memoires,   xlviii. f.
Requefte contenant la demande,   xii. f.
Le demandeur eft obligé auant aucune procedure de Iuftifier
qu'il y a peremption d'inftance, & pour l'acte & coppie baillés
à l'Arbitrage du tiers.
Pour le refte des procedures pour obliger le deffendeur de deffendre, elles feront faites & fuiuies comme celles-cy-deffus,
mefme en cas de conteftation, & ne fera taxé en telles demandes aucuns voyages pour intenter la demande, ny pour produire s'il n'y a enfuite Arreft à contredire, ains feulement le vin
des Meffagers fuiuant la diftance des lieux, fuppofé qu'il y ayt
adjudication de defpens par l'euenement.
Comme auffi en ce cas fera taxé voyage pour homme de cheual pour faire iuger & payer les Efpices.
Pour la Rediftribution des inftances de la Grand Chambre, & de
l'Edit,   xxiiii. f.

Demande en diftraction de frais & fallaires qui fe doit inftruire
auec les deux Parties.

Pour le droit de Confeil,   xii. f.
Requefte pour en faire la demande à deux Procureurs,   xxiiii. f.
Si c'eft commiffion, fera taxé comme pour vn relief d'appel ou
Lettres d'anticipation.
Pour l'Exploit d'affignation & fignification, fuiure la procedure
des autres demandes.
En diftraction de frais & fallaires les droits de Confultation pour
demandes & apellations ne font que de moitié, & pour ce, xxiiii. f.
Et pour produire & pour emplois par Requeftes pour le tout &
pour ce,   xlviii. f.

Procez par écrit.

Pour les Lettres de relief *supra* aux appellations verballes.
Memoires, *idem.*
Prefentation, *idem.*
Procuration, *idem.*
Voyage, *idem.*
Aduis, *idem.*
Confultation fur l'appel,   iiii. l. xvi. f.
Pour l'appointement faire apporter,   xx. d.
Sommation de le paffer,   xx. d.
Idem pour les deux autres prefentez.
Congé aux Ordonnances,   x. f.
Vin de Meffager,   iiii. f.
Demande,   xxiiii. f.
Inuentaire,   xxiiii. f.
Produit,   iiii. f.
Vin de Meffager felon la diftance.
Efpices.   lii. f.
Arreft fuiuant le Reglement.
Iournée,   v. f.
Coppie & fignification,   iii. f.
Vin de Meffager.   xii. f.
Forclufion,   ii. f. viii. d.
Il fe donne quelquefois iufques à trois Arrefts fur tels congez,
     pour contumacer vn appellant.
Pour l'Appointement de conclufion prefenté, & deux coppies de
     la Sentence en forme felon la grandeur.
Sommation,   xvi. d.
Congé aux Ordonnances,   x. f.
Demande,   xxiiii. f.
Inuentaire,   xxiiii. f.
Produit,   iiii. f.
Le furplus fe taxera comme deffus, Arreft de Conclufion fui-
     uant le Reglement de Iuin 1664.
Iournée,   v. f.
Vin de Meffager,   xii. f.

Pour faire apprester le procez suiuant le Reglement.

Pour faire ioindre vne production principalle,　　　　iiii. f.

Pour retirer le procez pour faire escritures　　　　xvi. f.

Pour les escritures à l'Aduocat, *vt supra*,

Reuision, *idem*.

Clerc d'Aduocat, *idem*.

Pour la coppie, *idem*.

Pour faire dresser lesdites escritures, n'eschet voyage, mais pour le vin suiuant la distance des lieux & le nombre des roolles,　　　　xlviii. f. ou iiii. l. xvi.

Idem des Responses.

Pour les auoir iointes,　　　　ii. f.

Pour les Requestes & contrainte de rendre les sacs chacune ii f.
　　　　viii. d.

Pour la Contrainte,　　　　xxiiii. f.

Espices de l'Arrest, voir au Greffe.

Arrest, façon, & signature suiuant ledit Reglement.

Iournée,　　　　v. f.

Coppie & signification à raison de deux sols tournois pour roolle de parchemin.

Voyage comme dessus.

Remise des sacs, *idem*.

Retirer du Greffe, *idem*.

Procez euoquez & renuoyez.

Voyage d'homme de cheual pour apporter selon la distance.

Presentation,　　　　lii. f.

Pour l'Acte & coppie de Renuoy,　　　　viii. f.

Vin de Messager selon la distance,

Iournée d'Arrest de retention,　　　　v. f.

Qualitez,　　　　xx. d.

Arrest suiuant ledit Reglement,

Coppie & signification,　　　　iiii. f.

Pour la distribution suiuant le Reglement,　　　　xxiiii. f.

Vin de Messager selon la distance.

Pour faire apprester le procez suiuant ledit Reglement,　viii. f.

Appointement à ouïr droict presenté,　　　　xx. d.

Sommation

Sommation de le paffer,   xvi. d.

Pour l'Arreft fuiuant le Reglement.

Iournée,   v. f.

Coppie & fignification,   iiii. f.

Pour la communiquation du procez,   xvi. f. ou xxiiii. f.

Le refte des procedures fe feront & articuleront conformément aux procedures fur inftances & demandes conteftées ou non conteftées, & appellations reglées ou non reglées.

Appellations incidentes, en Procez par efcrit.

Requefte contenant l'appel, xii. f. & fi elle eft grande & qu'elle contienne employ pour caufe d'appel à raifon de xxiiii. f. pour chacun roolle.

Droit de Prefentation,   xxvi. f.

Droit de Confultation,   xlviii. f.

Vin de Meffager,   iiii. f.

Appointement prefenté,   xx. d.

Sommation de le paffer,   xvi. d.

Pour auoir plaidé contradictoirement, au Procureur xxiiii. f. mais fi c'eft par deffaut.   xii. f.

Pour les qualitez,   xx. d.

Pour la façon de l'Arreft & fignature conjointement ce qu'il paroiftra par l'Arreft & fuiuant le Reglement.

S'il y a Arreft à contredire fuiuant ce qui a efté dit cy-deffus, & des autres incidents s'il y en a de faits.

Efpices de l'Arreft & vaccations, voir au Greffe.

Façon d'Arreft & fignature, comme deffus fuiuant le Reglement.

L'Intimé gaignant fa caufe a les mefmes droicts, & peut faire de pareilles procedures.

Idem, Vn deffendeur en Lettres pour ce qui eft des droicts de confultation, efcriture & production, contredits & faluations, voyages & vin de Meffager.

O

Si l'Arrest n'est diffinitif, ains à contester plus amplement par deuant M. le Rapporteur, & informer à Paris ou sur les lieux, voyage d'homme de cheual, suiuant la distance comme dessus.

Pour auoir retiré les Sacs pour dresser ses faits & memoires de contestation,   xxiiii. s.

Pour les frais & escritures à l'Aduocat, comme dessus.

Reuision, moitié.

Grosse au Clerc de l'Aduocat, *idem* comme deuant.

Coppie & signification, moitié du Clerc de l'Aduocat.

Requeste de commandement d'en fournir & de réponse, ii. s. viii. d.

Vin de Messager suiuant la distance.

Droict de Conseil sur la coppie baillée, xii. s. quand il n'y a réponse, auquel cas ne sera taxé aucun droit de conseil.

Réponses s'il y en a à l'Aduocat, *idem* comme deuant.

Reuision, *idem.*

Clerc d'Aduocat, *idem.*

Vin de Messager selon la distance.

Commandement d'accorder la closture,   ii. s. viii. d.

Forclusion,   ii. s. viii. d.

Closture de faits,   iiii. s.

Pour la grosse en parchemin, suiuant le Reglement.

Pour la coppie, moitié de la grosse taxée au Clerc de l'Aduocat.

Pour la Commission pour faire enqueste sur les lieux suiuant le Reglement.

Pour l'appointement de renouuellement de delay présenté, xx. d.

Sommation de le passer,   xvi. d.

Requeste pour le faire receuoir à la Chambre,   iiii. s.

Pour auoir plaidé contradictoirement au Procureur.   xxiiii. s.

Par deffaut,   xii. s.

Au Greffier des Enquestes pour l'Arrest contradictoire,   xxxii. s.

Par deffaut suiuant le Reglement,   xxiiii. s.

Qualitez,   xx. d.

Vin de Messager suiuant la distance, au moins,   xlviii. s.

Pour les procedures sur les lieux pour paruenir à la confection de l'Enqueste, suiure pour la taxe des Iuges ce qui a esté cy-dessus

reglé : & si les taxes sont excessiues sera baillé executoire comme dessus aux parties qui auront esté obligées de payer plus
grande somme, pour repeter contre les Iuges & autres qui auront pris les taxes.

Si l'Enqueste se fait au Parlement, & que Monsieur le Rapporteur
ait esté commis par l'Arrest apres la closture des faits, pour
son Ordonnance & assignation à la partie pour voir ouurir les
faits, conuenir d'Adjoint & voir iurer les témoins, à l'arbitrage, eu égard neantmoins aux taxes cy-deuant reglées pour
semblables procedures.

Pour la vaccation du Procureur,   xxiiii. s.

Pour le salaire de M. le Commissaire suiuant sa taxe.

A son Adjoint, *idem.*

Au Greffier pour la Grosse à raison de iiii. s. pour roolle de l'Enqueste & Procez verbal separement sans vaccation.

Salaire de témoins en vn seul article selon les taxes, & où il n'y en
   auroit point à raison de iiii. s. pour chacun,   iiii. s.

Droit de Consultation sur le tout,   xlviii. s.

Voyage d'homme de cheual selon la distance.

Pour la cuppie du procez verbal à raison d'vn sol parisis pour
roolle sans la signification.

Pour l'Appointement de reception presenté,   xx. d.

Sommation de le passer,   xvi. d.

Arrest de reception à l'ordinaire sans la signature,   xii. s.

Iournée.   v. s.

Pour faire mettre l'Enqueste au greffe par le Clerc de M. le
   Commissaire ne sera taxé aucune chose.

Pour la faire apprester suiuant le Reglement,   v. s.

Pour la Requeste de commandement de fournir de moyens de
   nullité, & de reproches.   ii. s. viii d.

Forclusion,   ii. s. viii. d.

Vin de Messager,   iiii. s.

Consultation pour produire,   xlviii. s.

Inuentaires de production selon les Roolles.

Produit,   vi. s. iiii. d.

Voyage d'homme de cheual selon la distance.

Commandement de produire,   ii. s. viii. d.

Forclusion de produire,   ii. s. viii. d.

Vin de Meſſager,   iiii. ſ.

Communiquation du Procez & de l'Enqueſte,   xvi. ſ.

Contredits à l'Aduocat comme deuant.

Reuiſion, moitié.

Clerc d'Aduocat pour la groſſe, *idem* que deuant.

Vin de Meſſager ſelon la diſtance, & au plus,   iiii. l. xvi. ſ.

Si l'Arreſt Interlocutoire va à faire deſcente ſur les lieux, informer par antiens, figure, deſcription, meſurage & arpentage,
priſée & eſtimation de veuë, viſitation de bois, & de repara-
tions, les procedures faites en execution, dependent du
procez verbal, de M. le Commiſſaire ou du Iuge des
lieux commis par l'Arreſt qu'il faudra ſuiure pour les taxes à tous ceux qui auront eſté employez en vertu de ſon
Ordonnance.

Et ſi à l'égard du Iuge des lieux y auoit exceds pour ſa taxe,
Adjoint & Greffier, ſera baillé repetition comme deuant
pour l'exceds contre les Iuges & autres qui auront pris les
taxes exceſſiues, meſme pour ce qu'ils auroient taxé exceſ-
ſiuement aux anciens, Peintres, Arpenteurs, Experts & autres qui auroient eſté par eux employez au fait de l'execution
dudit Arreſt.

Voyage de la partie ſi ſa demeure n'eſt ſur les lieux, où s'eſt fait
la commiſſion à l'arbitrage, eu égard au temps qu'elle aura
duré & que ſa preſence aura eſté neceſſaire.

Conſultation ſur le Procez verbal.   xlviii. ſ.

Pour le port au Meſſager, ce qui ſera contenu en l'executoire
& quittance, qui ne pourra eſtre qu'à raiſon de deux ſols par
lieuës, comme a eſté cy-deuant dit.

Pour la coppie du Procez verbal à raiſon d'vn ſol pariſis pour
chacun roolle en grand papier, ſinon viii. d. tournois.

Pour l'Appointement de reception preſenté,   xx. d.

Sommation de le paſſer.   xvi. d.

Requeſte à la Chambre, pour la reception,   iiii. ſ.

Pour la plaidoyrie, au Procureur, ſi c'eſt contradictoirement,
                                                  xxiiii. ſ.

Et par deffaut,   xii. ſ.

S'il y a Aduocat audit Plaidoyer, pour iournée,   v. ſ.

Pour la Plaidoyrie de l'Aduocat, xlviii. ſ. à ſon Clerc,   xii. ſ.

                                                           Qualitez

Qualitez de l'Arreſt.   xx. d.

Façon xxxii, ſ. outre la ſignature qui ſe taxera ſuiuant le Reglement,   xxxii.ſ.

Si par deffaut pour la coppie & ſignification,   iiii. ſ.

Pour le vin de Meſſager.   viii. ſ.

Pour le reſte de la procedure telle que deſſus.

Si l'Interlocutoire va à informer par Turbes.

Pour les faits extraits du procez, à l'arbitrage, & ſuiuant le Reglement,

Pour la Groſſe, *idem.*

Seront ſuiuies les taxes faites par M. le Commiſſaire de la
Cour pour l'Enqueſte, qui ſeront employées par ſon procez verbal, tant à luy, au Subſtitut de Monſieur le Procureur General & Greffier, s'il en a mené auec luy, qu'autres
Officiers.

Voyage à la partie pour voir faire l'Enqueſte.

Pour le droict de Conſultation ſur l'Enqueſte rapportée &
miſe au Greffe,   xlviii.ſ.

Coppie de procez verbal, vn ſol pariſis pour chacun roolle de
Groſſe, comme deſſus.

Appointement de reception,   xx. d.

Sommation de le paſſer,   xvi. d.

Arreſt de reception de l'Appointement offert ſuiuant le Reglement.

Iournée,   v. ſ.

Coppie & ſignification,   iiii. ſ.

Pour l'auoir fait bailler à M. le Rapporteur,   iiii. ſ.

Pour payer les eſpices & leuer l'Arreſt diffinitif, ſera taxé ſelon
la qualité, & quatre iours de ſejour, outre les deux iours pour
chacune vacation, en cas que l'inſtance ait eſté iugée de grands
Commiſſaires comme dit eſt, & qu'il y ait plus de trois vacations.

Si au lieu de iuger diffinitiuement, eſt donné Arreſt Interlocutoire, ne ſera taxé voyage de la partie, mais d'homme de cheual,
comme il a eſté dit cy-deſſus,

Requeſte de commandement & forcluſion, chacune ii. ſ. viii. d.

Acte de ſommation de rendre les ſacs,   xvi. d.

Sauf huy,   ii. ſ. viii. d.

P

Emprifonnement,   ii. f. viii. d.

Contrainte,   xxiiii. f.

Droit de Conseil fur la coppie baillée des Contredits s'il n'y a Saluation, xii. f. & s'il y en a, ne fera taxé aucun droit de Conseil.

Saluations comme des autres efcritures.

Requeste d'employ pour Contredits felon qu'elle eft grande, y compris la coppie & fignification, & à l'arbitrage, qui ne pourra exceder xxiiii. f. parifis pour chacun roolle.

Droit de Confultation fur l'employ au Parlement,   xlviii. f.

Forclufion, *idem* que deffus.

Requeste de Soit communiqué felon qu'elle eft grande.

Es Inftances où il n'y aura d'Arreft à contredire, ne fera taxé qu'vn vin de Meffager de iiii. l. xvi. f. pour les païs plus efloignez pour produire,   iiii. l. xvi. f.

Si la caufe eft appellée à tour de roolle, ou par Auenir, & qu'il y ait congé ou deffaut, il y aura voyage felon la qualité, tout ainfi que fi la caufe eftoit playdée.

Pour l'Aduocat qui aura obtenu congé ou deffaut,   xlviii. f.

Rapport à l'Huiffier,   iiii. f.

Qualitez,   xx. d.

Au Greffier pour l'Areft, fuiuant le reglemét du mois de Iuin 1664

Coppie & fignification,   iiii. f.

Iournée,   v. f.

Au Clerc de l'Aduocat,   xii. f.

Demande,   xxiiii. f.

Inuentaire,   xxiiii. f.

Produit,   iiii. f.

Efpices,   lii. f.

Façon & fignature, fuiuant le Reglement.

Iournée,   v. f.

Coppie & fignification.   iiii. f.

Au Greffier pour les Arrefts d'Audience diffinitifs, fuiuant le Reglement & comme deffus.

Folles Affignations, Defertions, & incompetences.

Voyage d'homme de cheual pour apporter, fuiuant la diftance, fi ce n'eft que la caufe foit vuidée par expedient, & les defpens liquidez.

Prefentation,　　　　　　　　　　　　　　　　lii. f.

Production,　　　　　　　　　　　　　　　　iiii. f.

Confultation,　　　　　　　　　　　　　　lxxii. f.

Memoires,　　　　　　　　　　　　　　　　iiij. f.

Vin de Meffager pour aduertir de la comparution,　iiii. f.

Requefte de Commandement de vuider hors Iugement, ii. f.

　　　　　　　　　　　　　　　　　　　　viij. d.

A l'Aduocat,　　　　　　　　　　　　　　lii. f.

Autres Sommations en vn feul article.

L'executoire contre le Procureur, faute de vuider & contrainte
　entreront en taxe pour la partie.

Pour la Chambre des Confultations,　　　　viii. f.

Pour l'Appointement prefenté,　　　　　　xx. d.

Sommation de le paffer,　　　　　　　　　xvi. d.

Pour l'auoir retiré du Parquet,　　　　　　x. d.

Pour le Clerc de l'Aduocat en retirant le facq,　xii. f.

Pour l'Arreft, fuiuant le Reglement de Iuin 1664.

Iournée,　　　　　　　　　　　　　　　　v. f.

A l'Huiffier,　　　　　　　　　　　　　　iiii. f.

Voyage d'homme de cheual, s'il n'eft dit fans nouuel voyage,
　auquel cas,　　　　　　　　　　　　　iiii. l. xvi. f.

Ne faut voyage ny declaration pour payer les efpices d'vn Ar-
　reft où il y a fans defpens, & lors qu'il n'y a point d'adjudica-
　tion, fe faut pouruoir pour en auoir executoire par Requefte.

Pour faire iuger vn procez ou vne Inftance, le voyage fera taxé
　comme dit eft pour dix lieuës par iour, & quatre iours de fe-
　jour ; fi ce n'eft qu'il ait efté iugé de grands Commiffaires,
　auquel cas outre les quatre iours de fejour ordinaire on taxe
　deux autres iours de fejour pour chacune vaccation, quand
　il y a plus de trois vaccations.

Pour toutes les remifes des procez ou Inftances au Greffe ; foit
　pour la rediftribution, ou quand elles font iugées difinitiue-
　ment, on taxe ordinairement xlviii. f. Et quand il y a grand
　nombre de facs on taxe pour les quatre premiers xlviii. f. &
　pour les autres à raifon de iiii. f. pour chacun.

Pour les retirer du Greffe, fuiuant le Reglement de Iuin 1664.

Pour faire taxer les defpens, on ne taxe point voyage, neant-

moins quand la partie est presente ou la procuration passée à
Paris ou vn homme enuoyé expres pour cela & nommé par
la procuration d'affirmation, sera taxé autant que l'assistance, que si la procuration est passée sur les lieux, à l'arbitrage
du tiers.

Messieurs les Euesques ayans Abbayes plaidant pour les Fer-
mes & droicts de leurs Abbayes, n'auront voyage que comme Abbez & non comme Euesques, & ainsi les Abbez qui
ont des Prieurez quand il sera question de leurs Prieurez:
Mais s'il n'y a que le Fermier en cause, ne sera taxé que pour
homme de cheual.

Quand les Arrests portent Compensation de partie de despens,
mesme sans despens en quelques chefs, & les autres reser-
uez.

Pourueu qu'il y ait condamnation de quelque portion de despens, les espices se taxeront pour le tout, s'il n'y a retention
au contraire sur la minutte de l'Arrest, ou Registre de la
Chambre.

Si de plusieurs plaidans en communauté sont aucuns suiuant la
Cour, & les autres de villes esloignées, sera taxé de deux voyages l'vn pour le plus esloigné & le plus qualifié.

Comme aussi si deux ayant adjudication de despens, l'vn est de
qualité, l'autre Artisan, les voyages se taxeront au plus qualifié.

Les Messagers ordinaires ayans procez, auront de deux voyages l'vn.

Taxes des parties suiuant leurs qualitez par iour.

Messieurs d'Eglise.

Le Cardinal.	xvi. l.
L'Archeuesque,	xii. l.
L'Euesque,	viii. l.
L'Abbé,	vi. l.
Les Doyen, Preuost & Archidiacre des Eglises Cathedrales	
	iiii. l, xvi. s.
Les Chanoines,	iiii. l

Les

Les Curez,   iiij. l.
Les Preftres,   iij. l.
Les Prieurs,   iiii l. xvi. f.
Homme à cheual,   lx. f.
Homme à pied fera taxé,   xxiv. f.

Messieurs les Princes.

Quand il s'agit de leurs droits hors Paris, fera taxé deux voya-
ges, l'vn pour apporter l'Exploit d'homme de cheual , & l'au-
tre pour iuger, pour vn Efcuyer feulement,   vi. l.
Les Conneftable, *idem* comme aux Princes,
Les Marefchaux de France, *idem.*
Cheualiers des deux Ordres du Roy ,   x. l.
Marquis & Comtes,   viii. l.
Cheualiers fimples, quand ils font d'ancienne extraction,   vi. l.
Le Baron,   vii. l. iiii. f.
L'Efcuyer ,   vi. l.
Capitaine de gens de pied,   vi. l.
Le Lieutenant,   c. f.
L'Enfeigne,   c. f.
Capitaine appointé ,   c. f.

Messieurs de Iustice.

Les Prefidens des Cours fouueraines autres que du Parlement,
xii. l.
Les Confeillers des Cours fouueraines,   viii. l.
Le Lieutenant general d'vn Siege Prefidial,   vi. l.
Les Prefidens des mefmes Sieges,   vi. l.
Les Lieutenans Particuliers & Criminels,   iiii. l. xvi. f.
Les Confeillers,   iiii. l. xvi f.
L'Aduocat & Procureur du Roy,   iiii. l. xvi. f.
L'Aduocat de la Cour,   iiii. l. xvi. f.
Procureur de la Cour,   iiii. l.
Preuoft des Marefchaux,   vi. l.
Son Lieutenant,   iiii. l. xvi. f.
Le Greffier,   lx. f.
Les Lieutenans aux Sieges Particuliers & Affeffeurs, . iiii. l. xvi. f.

Q

Lés Aduocats & Procureurs du Roy efdits Sieges,   iiii.l. xvi. f.

L'Aduocat, Procureur, & Greffier aufdits Sieges,   lx. f.

Marchands & Artifans feront taxez à cheual.

Tous Marchands Orphevres, Orlogeurs, Tanneurs, Meufniers, s'ils font proprietaires & Laboureurs, feront taxez à   lx. f.

Apoticaires, Barbiers, Cordonniers, Marefchaux, Tailleurs, Menu-fiers, Serruriers, Maiftres Charpentiers, Maffons, Couureurs des grandes Villes, Capitales és Prouinces, feront taxez à   lx. f.

Et ceux des autres Villes, enfemble les Saueiers, Porte-faix, & Vignerons, de quelque lieu que ce foit, à   xxiv. f.

Curateurs aux caufes & biens vacans, Collecteurs, & Artifans, qui viennent pour des Communautez, feront taxez pour homme de cheual.

Tous les autres fe peuuent regler fur les fufdits.

Les voyages des femmes fe taxent felon la qualité du mary, & toufiours vn homme de pied auec elles, de plus que leurs maris, quand ils font de qualité d'aller à cheual, & non autrement.

Quand il y aura appel d'articles de defpens ou Executoires, fera taxé voyage, comme en vne autre caufe d'appel.

Et quant aux appellations de taxes de Meffieurs, qui feront iu-gées fans eftre releuez, aueniys obtenus ne mifes au roolle, ne faut aucun voyage, & fuffira d'vn fejour confiderable, qui ne fera moins que de   xxiv. l.

Pour dreffer vne declaration de dommages & interefts, fera taxé voyage d'homme de cheual.

Et les autres voyages qui fe taxent en vne autre Inftance.

Pour reprendre vn Procés, quand il y a changement de Partie, ou de Procureur, & diftance d'vn an de cofté ou d'autre, fera taxé voyage d'homme de cheual, & en vn autre cas,   iiii.l. xvi. f.

Sera auffi taxé voyage pour dreffer vne demande libellée en exe-cution d'Arreft, fi la Partie eft affignée apres vn an expiré.

S'il fe rencontre dans les defpens de la caufe principale, diuers Iu-gemens qui portent la Partie prefente, de trois fera taxé vn voya-ge pour vn homme de cheual, à l'efgard de ceux qui font de la qualité d'aller à cheual, fi ce n'eft pour Iugement diffinitif, felon la qualité.

Pour la confultation fur le fujet du crime,   xlviii. f.

Efpices des conclufions felon la taxe.

Efpices de l'Arreft, voir, façon & fignature, fuiuant le reglement,

Iournée,   v. f.

Vin de Meffager felon la diftance, & au plus,   iiii. l. xvi. f.

Commiffion fur l'Arreft, fi c'eft pour informer fur les lieux, fuiure le reglement.

Si à Paris les Ordonnances & Affignations aux tefmoins, comme
deffus en l'incident de faux, & le refte iufques à l'interrogatoire.

Pour bailler les Informations au Parquet fuiuant le reglement,
viii. f.

Requefte pour demander le recollement & confrontation,   xii. f.

Efpices des conclufions, voir, enregiftrement des conclufions, de
Decrets fur Informations, d'Interrogatoires, de Recollement &
Confrontation, de quelque grandeur qu'elles foient,   xx. f.

Remife au Clerc du Subftitud,   xii. f.

Efpices de l'Arreft de Decret de prife de corps, voir au Greffe.

Façon & fignature de l'Arreft, fuiuant le reglement.

Iournée,   v. f.

Voyage d'homme de cheual pour informer & faire decretter, felon la diftance.

Au Sergent pour l'emprifonnement, à l'arbitrage du tiers, & fuiuant le trauail & qualité des accufez.

S'il y a affignation à trois briefs iours, pour les trois Prefentations,
lxxviii. f.

Pour les Deffauts du Greffe, fuiuant le reglement.

Demande,   xxiv. f.

Inuentaire,   xxiv. f.

Produit,   iiii. f.

Baillez au Parquet auec les Informations, fuiuant le reglement.

Efpices, voir au Greffe.

Enregiftrement de conclufions, Interlocutoires de Decrets fur Informations, comme deffus,   xx. f.

Remife au Greffe,   xxiv. f.

Pour les Informations baillées à Monfieur le Rapporteur au
Greffier, fuiuant le reglement.

Eſpices, voir au Greffe.

Façon & ſignature de l'Arreſt , ſuiuant le Reglement.

Iournée,										v. ſ.

Vin de Meſſager ſelon la diſtance, & au plus ,			iiii. l. xvi. ſ.

Voyage pour prendre droict ſur l'Interrogatoire d'homme de cheual.

Requeſte pour demander le Recollement & confrontation des teſmoins,									xii. ſ.

Eſpices de concluſions, voir Enregiſtrement comme deſſus.

Eſpices de l'Arreſt, voir au Greffe.

Façon & ſignature, ſuiuant le reglement.

Iournée,										v. ſ.

Vin de Meſſager, ſuiuant la diſtance.

Ordonnance de Monſieur le Commiſſaire pour aſſigner teſmoins,									iiii. ſ.

Pour les Exploits d'aſſignations, ſi à Paris,				xii. ſ.

Pour la comparution & ſallaires du Procureur chez Monſieur le Rapporteur,								xxiv. ſ.

Pour Monſieur le Commiſſaire, ſelon ſa taxe.

Pour ſon Greffier, moitié.

Groſſe de la confrontation, à raiſon de iiii. ſ. pariſis pour rolle.

Sallaires des teſmoins en vn ſeul article, ce qui ſe trouuera leur auoir eſté taxé, & quand il n'y a point de taxe à raiſon de iiii. ſ. pariſis, pour chacun						iiii. ſ.

Voyage pour la Confrontation de la qualité, & autant de ſeiour, que la Confrontation aura duré, outre les quatre iours ordinaires.

Droit de Conſultation ſur la Confrontation ,				xlviii. ſ.

Appointement à ouïr droit preſenté,					xx. d.

Sommation de le paſſer,							xvi. d.

Arreſt, façon & ſignature, ſuiuant le dernier Reglement.

Iournée,										v. ſ.

Coppie & ſignification ,							iiii. ſ.

Concluſions ciuiles à xvi. ſ. pariſis pour chacun rolle.

Droict de reuiſion, moitié.

Clerc d'Aduocat, comme deſſus.

Coppie & ſignification, *idem.*

Conſultation pour produire ,						xlviii. ſ.

									Inuentaire,

Inuentaire, comme deſſus.

Produit, *idem*.

Forcluſion, *idem*.

Voyage d'homme de cheual pour produire, ſelon la diſtance.

Pour bailler les Informations, ſuiuant le Reglement.

Eſpices des Concluſions, voir. Enregiſtrement, comme deuant.

Remiſe au Clerc du Subſtitud,   xlviii. ſ.

Vin de Meſſager, ſelon la diſtance, & au moins,   iiii.l. xvi. ſ.

Eſpices de l'Arreſt, voir au Greffe.

Prononciation,   xlviii. ſ.

Façon & ſignature de l'Arreſt, comme deſſus.

Iournée,   v. ſ.

Coppie & ſignification, comme deſſus.

Voyage pour faire iuger de la qualité, & quatre iours de ſejour.

Remiſe des ſacs, comme deſſus.

Extrait des ſacs, *idem*.

Extrait des Pieces ſecretes, à raiſon de iiii. ſ. pour rolle.

Si l'Inſtruction ſe fait par vn de Meſſieurs ſur les lieux, aſſiſté d'vn
Subſtitud, d'vn Greffier, meſme d'vn Procureur, faut articuler
& ſuiure les taxes, & tout ce qu'il aura fait : Meſſieurs taxent
d'ordinaire aux Procureurs les deux tiers de leur taxe, autant au
Subſtitud ; moitié de la taxe au Greffier outre la groſſe.

Si vn Accuſé eſt enuoyé abſous auec deſpens, il aura la conſultation ordinaire ſur le ſujet de la plainte faite contre luy, xlviii.ſ.

Voyage pour ſe faire interroger.

Preſentation en la Cour,   xxiv. ſ.

Si c'eſt pour vn Priſonnier, il aura ſes giſtes & geollages, outre
ſes dommages & intereſts, & le reſte de la procedure qu'il fera
pour ſe defendre de la calomnie.

Defenſes par attenuation, Production, & autres pour ſe tirer
de Priſon, & vn ſejour conſiderable pour ſes affaires, au moins
de quatre iours, & ſon retour.

Sera ſuiuy l'Arreſt de la Cour en forme de Reglement, du 14.Mars
1661. pour les droits de Giſtes & Geollages, Eſcroüe, & ce qui ſe
doit prendre pour les Guichetiers.

Les ſallaires des Rapports de Chirurgiens, ſe taxent ſelon la taxe
qui en a eſté faite, ou à l'arbitrage.

R

Les Defpens commencent au premier Iugement, rendu apres le
Decret de prife de corps, en fuite de toute la procedure, y vient
voyage pour produire.

Le droit de Declaration de defpens eft de ii. f. tournois pour chacun article bon.

La Signification,   ii. f.

Vin de Meſſager pour aduertir,   iiii. f.

Procuration pour affirmer,   iiii. f.

A Monfieur le Commiſſaire la taxe à raifon de xii. d. tournois,
de tous les articles tant bons qu'inutils.

Les aſſiſtances des Procureurs & du tiers, font des deux tiers dudit fieur Commiſſaire.

Au Clerc de Monfieur le Commiſſaire pour le calcul, moitié de la
taxe dudit fieur Commiſſaire.

Plus fuiure les Ordonnances qui fe taxent en vn feul article, à raifon de iii. f. iv. d. pour chacune   iii. f. iv. d.

Il ne fe taxe point de voyage pour faire taxer, ains feulement comme il a efté dit cy-deſſus, vn vin de Meſſager femblable à l'aſſi-
ſtance du Procureur du demandeur, quand la partie ou celuy
par luy enuoyé eſt prefent, ou que la Procuration d'affirmation
eſt paſſée à Paris ; mais fi elle eſt paſſée fur les lieux fera taxé
moins, neantmoins à l'arbitrage du tiers.

Il arriue fouuent que quand les Procureur & vn ancien auec le
tiers, procedent à la reuifion des defpens, fur les difficultez qui
furuiennent apres cela, eſt deub retribution à l'ancien, duquel
il a efté conuenu, & non aux autres Procureurs, ny mefme au
tiers, fuiuant le refultat de la Communauté des Procureurs, du
14. Feurier 1664. & ainfi il luy fera adiouſté vn article à la fin
defdits defpens en ces termes : *Pour le fallaire de M*
ancien Procureur, connenu, par l'aduis duquel ont eſté vuidées
les difficultez qui fe font rencontrées en l'arreſté des prefens def-
pens : Lequel ancien pour approbation de la verité, fignera au
deſſous, & mettra de fa main ce qu'il aura receu pour fon fallaire, qui fera porté par celuy qui fera trouué auoir veu, felon
qu'il fera reglé & arbitré par ledit ancien : S'il y a des appellations d'aucuns articles, uire mefme de la totalité, & qu'elles

foient confirmées, les defpens s'en taxeront, comme des autres adjugez par Sentences ou Arrefts.

Pour l'executoire,   xxxvi. f.

Taxes ordinaires des Huiſſiers & Sergens, pour faire des Criées.

Les Huiſſiers du Parlement, Requeſtes du Palais, de l'Hoſtel, Cour des Aydes, Baillage du Palais, & autres Iurifdictions de l'enclos d'iceluy, ont xii. f. pariſis, pour chacun commandement de payer : iiii.f.pariſis, pour chacune Affiche au Palais : viii.f.pariſ. pour appofer aux portes des Eglifes & au Chaſtelet : & xii.f.par. pour aller aux domiciles des parties, & aux portes de la Ville, & au domiciles des Procureurs : Les Huiſſiers de la Cour ont viii.f. pariſis, & fi l'Affiche eſt fignifiée au Palais ii.f & aux Requeſtes du Palais ou de l'Hoſtel ; vi.f. pariſis au domicile du Procureur, & x.d. pariſis au Palais.

Ceux du Chaſtelet iiii.f. pariſis, pour chacune oppofition, en quelques lieux que ce foit.

Sera taxé pour les Procés verbaux de criées, à raifon de deux fols pariſis par rolle, en petit papier & en moyen, iii.f. ii.d. pariſis en grand papier.

Pour quatre criées dans Paris,   ix.l. xii.f.

Pour chacun domicile fait chez vn Procureur,   viii. f. pariſis.

    & aux Requeſtes du Palais,   vi.f. pariſis.

Et aux autres Iurifdictions,   iiii.f. par.

Les autres Expeditions faites au Palais par les Huiſſiers de la Cour, fe taxent, fçauoir celles qui ont paſſé au Greffe ii.f.par. pour chacune fignification, & les Actes fimples, viii.d. pariſis.

Frais ordinaires de Criées.

Commencent au commandement de payer, & y entre ce qui eſt eſſentiel pour le Decret.

Pour la faifie reelle d'vn Office,   xl. f.

Si d'vne Maifon à Paris,   xlviii. f.

Pour la Signification,   xii. f.

Pour l'enregiſtrement au Commiſſaire aux faifies reelles, taxer ce qu'il a mis de receu, pourueu qu'il foit conforme à l'Arreſt de la Cour, du 12. Aouſt 1664.

Pour les faifies reelles des terres, fe taxeront felon le tranfport des Sergens, & leur trauail à raifon de iiii.l. xvi.f. parifis, par iour.

Sera taxé voyage d'homme de cheual, pour faire marché auec vn Sergent pour faire les Criées, auec quatre iours de fejour.

Pour l'Affiche & Declaration qu'il fera procedé aux Criées, les communes xxiv. f. & les autres à l'arbitrage du tiers.

Pour les Appofitions aux lieux faifis, & autres accouftumez auec panonceaux Royaux: Aux Sergens du Chaftelet pour chofes faifies à Paris, à raifon de iiii.f.parifis chacune,& pour chacune coppie, à raifon de xx.d.pour chacun rolle de l'Affiche.

Les fallaires des Huiffiers au Parlement, pour chacune Appofition hors le Palais xii. f. parifis: aux fauxbourgs xvi. f. finon à S. Barthelemy & au Chaftelet viii. f. parifis feulement.

pour les Appofitions qu'ils font d'Affiches dans l'enclos du Palais, iiii. f.

Les Huiffiers des Requeftes du Palais & de l'Hoftel, pareils fallaires dans l'enclos du Palais, à faint Barthelemy, *idem*.

Au Chaftelet, *idem*.

Et aux autres lieux accouftumez, *idem*.

Vin de Meffager à l'arbitrage pour retirer.

Confultation fur les Criées au Parlement, xlviii.f.

Aux Requeftes du Palais, xxxii. f.

pour la certification des Criées, les Certificateurs des Criées mettent leur reçeu au pied du Procés verbal, qui eft d'ordinaire chacun vn efcu, & à l'extraordinaire, c'eft à dire, quand le trauail eft grand, il eft double.

pour la Sentence de certification, fi elle eft leuée, felon ce qui eft taxé.

pour le fallaire du Procureur, xxiv f.

Si les Criées ont efté certifiées en d'autres Sieges, faut taxer fuiuant la taxe des Iuges, & l'vfage.

Et fi il eft exceffif, fera baillé Executoire comme deuant, à la Partie qui aura payé la taxe des Iuges, pour repeter les exceds de ladite taxe, contre le Iuge & autres qui l'auront prife.

Voyage d'homme de cheual, pour payer le Sergent, retirer les pieces & Criées, à l'effect de la certification en affirmant.

pour l'Enregiftrement au Greffier, fuiure pour le Parlement ce qui eft qui eſt porté par le Reglement de Iuin 1664.

Et pour les Requeſtes, ſuiure le Reglement deſdites Requeſtes de
de l'année 1647.

Pour la Commiſſion pour faire appeller le Saiſi , pour bailler
moyens de nullité, & les Oppoſans pour fournir cauſes d'oppoſition, elle n'entre en frais ordinaires que pour moitié , & à
l'arbitrage du tiers, la taxe de laquelle Commiſſion eſt d'ordinaire de   xxxii. ſ.

Pour les Memoires, *idem*.   iiii. ſ.

Pour l'Exploit d'aſſignation , ſelon la diſtance & la qualité des de-
biteurs, *idem* que deuant.

Moitié de voyage pour apporter l'Exploit, *idem* que deuant.

Pour la preſentation au Parlement, *idem*   xxvi. ſ.

Aux Requeſtes,   ii. ſ.

Si l'on baille Deffaut à iuger contre la partie ſaiſie, faute de bailler moyens de nullité, la Demande, Inuentaire, & Eſpices,
vont en frais extraordinaires, & l'Arreſt, Iournée & Signification, en frais ordinaires.

Au Procureur qui dreſſe l'enchere, taxer ſelon le trauail.

Iournée du Procureur,   v. ſ.

Pour l'enchere au Greffier & Commiſſion ſur icelle, ſuiuant le Reglement de Iuin 1664.

Pour la publication en la grand'Chambre, *idem*.

Iournée,   v. ſ.

Et aux Requeſtes du Palais trois remiſes entrent en l'ordinaire,
le reſte à l'extraordinaire.

Pour pareille publication à l'Edict, s'il eſt neceſſaire, *idem*.

Pour chacune remiſe à l'Huiſſier & Greffier, chacun   viii. ſ.

Au Procureur,   xii. ſ.

S'il y a vne quinte Criée, elle va à l'extraordinaire.

Vacation au Procureur pour faire l'adjudication, ſauf quinzaine,
au Parlement,   xxiv. ſ.

Aux Requeſtes du Palais,   xii. ſ.

Pour la publication au Chaſtelet,   xxiv. ſ.

Pour les Appoſitions à la Barre, portes du Palais iiii. ſ. pariſis chacune : à S. Barthelemy viii. ſ. à la porte du Chaſtelet viii. ſ.
Maiſon ſaiſie xii. ſ. au Procureur, ſi c'eſt à domicile viii. ſ.
ſi au Palais,   viii. d.

pour les coppies à raison de ii. f. tournois, pour chacun rolle de groffe.

Si les lieux faifis font à la campagne, fera taxé.

Pour les publications qui auront efté faites en vertu de la Commiffion emanée du Greffe, fuiuant le receu ou arbitrer, eu efgard toutefois aux autres femblables taxes cy-deuant reglées.

Vin de Meffager pour rapporter le tout fuiuant la diftance, & au plus,   iiii. l. xvi. f.

Pour le fallaire du Procureur, pour fçauoir fi le tout a efté bien executé,   xxiv. f.

Pour la feconde Affiche au Parlement,   xxiv. f.

Pour les Appofitions à la Barre, portes du Palais, S. Barthelemy, Chaftelet, lieux faifis, & porte par où on va de Paris fur les lieux, comme deffus.

Pour la publication au Curé de la parroiffe de faint Barthelemy, xii. f.

Les Affiches, publications, & Appofitions fur les lieux, feront reglées & taxées fuiuant le procés verbal & certificat des Greffiers & des Curez.

Vin de Meffager, pour rapporter le tout comme deffus.

Droit de confeil,   xxiv. f.

Pour l'adiudication, fauf quinzaine, au Greffier, fuiuant le Reglement.

Iournée,   v. f.

Coppie & Signification, felon la grandeur.

Iournée de l'adjudication au Procureur,   xlviii. f.

Au Greffier, parce qu'elle fe fait au Greffe, fuiuant le Reglement.

A l'Huiffier qui fait les proclamations des Encheres au Parlement,   xlviii. f.

Aux Requeftes du Palais, comme deffus.

N'efchet voyage pour faire l'adjudication, mais bien *pro mora* en frais ordinaires, le furplus à l'extraordinaire,   xii. l.

Pour chacune Affiche dans le Palais,   iiii. f.

Groffe du Decret, fuiuant les Reglemens de la Cour, & Requeftes du Palais.

Pour le fceau, *idem.*

Confultation au Parlement pour faire les Criées ,   xlviii. f.
Ft aux Requeftes,   xxiv. f.
Moitié de la Commiffion, & moitié du voyage de l'Affignation
    au Saifi pour bailler moyens de nullité , & aux Oppofans leurs
    caufes d'oppofitions.
La demande, Inuentaire & Efpices, fur le Deffaut qui fera baillé
    à iuger contre la partie faifie, faute de bailler moyens de nullité.
Quand la Sentence & Arreft de congé d'adjuger, porte adjudi-
    cation de defpens contre le Saifi, les frais de l'Inftance vont en
    frais extraordinaires , en fubrogeant pour le demandeur les
    Creanciers en fon lieu.
Quand le Saifi fe rapporte à la Cour d'en ordonner, l'Appointe-
    ment à mettre & l'Inuentaire vont à l'extraordinaire, pour le-
    quel Inuentaire ne fera taxé plus de   xlviii. f.
Tout ce qui fera fait contre le Saifi ou autres, fur appellations de
    faifies & criées, ou pour faire rendre compte aux Commiffaires,
    à l'extraordinaire.
Si les Criées fe font contre vn Curateur aux biens vacans ou def-
    guerpis, toute la procedure qui fe fait contre luy doit entrer en
    taxe.
Pour taxer les procedures , il faut obferuer ponctuellement l'Ar-
    reft du 17. Ianuier 1664. pour les procedures inutiles qui fe fai-
    foient auparauant en telles matieres de Criées & Inftances de
    preference: Sçauoir, de ne faire aucune procedure contre les
    Oppofans, afin de conferuer, defendre, ny fournir de caufes
    d'oppofition.
Prendre l'Appointement à produire, à bailler Contredits, Salua-
    tions, fur l'extrait des Oppofans qui fera leué du Greffe.
S'il furuient des Oppofitions iufques à la leuée du Decret, il fera
    pris Appointement à produire & ioint.
Que l'Inuentaire de production qui fe fera en vertu du fecond ou
    troifiefme Reglement n'excedera   xlviii. f.
Qu'à l'efgard des oppofitions à fin de charge, annuller, & diftrai-
    re, le pourfuiuant Criées peut denoncer par acte à tous les Op-
    pofans, toutes les oppofitions.
Et à l'efgard des caufes d'oppofition & pieces communiquées

au pourſuiuant, il en baillera coppie au Procureur du Saiſi, &
plus ancien Procureur des Oppoſans ſeulement, & denoncera
aux Procureurs deſdits Oppoſans par vn ſimple acte, qu'il a
baillé les titres & coppies au Procureur plus ancien, à ce qu'ils
ayent à ſe retirer par deuers luy, & en prendre communication
par ſes mains.

Et ſi pendant le cours des Criées interuient des appellations, Arreſt d'euocation & renuoy, la denonciation en ſera ainſi faite.

Les denonciations ſe faiſoient cy-deuant d'autres pieces que
celles cy-deſſus ont eſté iugées inutiles, & ainſi il ne s'en doit
plus faire de ſemblables, neantmoins s'il y a contrauention à
l'aduenir, elles ſeront rayées & portées en pure perte à celuy
qui les ſera.

Tous les Actes ou Auenirs pour paruenir à faire plaider vne cauſe,
excepté ceux expediés au Greffe, enſemble toutes les comparutions à la Barre, aux Baux iudiciaires, ou adjudication par licitation ou autrement, ſeront compris dans les declarations de
frais & deſpens en vn ſeul article, excepté le iour de la plaidoitie
ou adjudication, ſera taxé en la maniere accouſtumée.

Pour les Inſtances de preference, ne ſera fait aucune procedure
contre les ſaiſiſſans ou oppoſans, pour les obliger de fournir de
leurs moyens, ains ſera pris Appointement à produire & contredire, apres lequel executé, s'il ſuruient d'autres oppoſitions ou
ſaiſiſſans, auec leſquels il conuienne prendre Reglement, ne
ſera taxé pour l'Inuentaire de production, que   xlviii. ſ.

Toutes les procedures & frais de l'Inſtance d'ordre, vont en frais
extraordinaires, fors les cauſes d'oppoſition & Inuentaire de
production du pourſuiuant, qui n'entrent que pour moitié,
l'autre moitié confuſe audit pourſuiuant regardant ſon intereſt
particulier.

Le voyage pour produire ſur l'ordre, pour le tout.

Voyage d'homme de cheual, pour faire l'adjudication par Decret.

Voyage ſelon la qualité, pour faire iuger l'ordre.

Frais de Licitation au Parlement.

Pour l'Arreſt en vertu duquel eſt procedé à la Barre à la vente des
Maiſons par licitation, ſuiuant le Reglement.

Pour l'Affiche au Procureur,   xxiiii. ſ.

Pour

pour les Coppies & Significations aux parties intereſſées à l'arbitrage du tiers, eu eſgard à la grandeur.

pour vne Requeſte de *Committitur*, ſi par l'Arreſt vn de Meſſieurs
n'eſt commis,   iiii. ſ.

pour l'Ordonnance dudit Sieur pour appoſer Affiches, & aſſigner
les Parties, à l'arbitrage & ſelon la grandeur.

pour les appoſitions deſdites Affiches aux lieux & endroits accou-
ſtumez : Sçauoir, à la Barre, portes du Palais, Egliſe S. Barthelemy, portes du Chaſtelet, & aux portes des Maiſons à vendre,
meſmes aux portes des Egliſes où les Maiſons ſont ſcituées &
aſſiſes.

Sera ladite Affiche publiée par trois Dimanches, & aux autres E-
gliſes des lieux, & ſera taxé aux Curez pour chacune publication,   xii ſ.

S'il ſuruient quelques conteſtations entre les parties intereſſées,
l'Adjudicataire n'en ſera tenu, ains ſeront portées par les parties,
s'il n'en eſt autrement ordonné, où que ce ne ſoit vne charge
de l'Affiche.

pour les droits de comparution aux trois remiſes de l'adiudication, à raiſon de xii. ſ. pour chacune.

Seront auſſi taxées les nouuelles Ordonnances, Aſſignations, &
Deffauts, mais ſans nouuelles Appoſitions, & les taxes de Monſieur le Commiſſaire, contenuës en ſon procés verbal, ſeront al-
loüées ſelon qu'elles ſe trouueront; *Idem* celles des Procureurs s'il y en a, ſinon ſera taxé pour la vacation de ladite adjudication,   xlviii. ſ.

pour l'Huiſſier qui aura fait les proclamations xxiv. ſ. & xlviii. ſ.
à l'arbitrage du tiers, ſi la vacation eſt grande.

pour la groſſe ſelon la grandeur des rolles.

pour l'adiudication en papier, à raiſon de iiii. ſ. pour rolle, ce qui
ſe fait en ſuite pour le payement & conſignation, ce ſont frais &
miſes qui ſont portez par celuy qui a donné lieu de les faire.

Frais des Baux iudiciaires.

Sera premierement obſerué ce qui eſt porté par les Edicts de crea-
tion de l'Office de Commiſſaire, les Arreſts de verification, &
nommément le dernier Arreſt interuenu en grande connoiſſance de cauſe, le 12. Aouſt 1664.

T

Frais de partage ordonné par Arreſt.

Pour la Requeſte de *committitur*,   iiii. ſ.

pour vn eſtat du bien à partager, dreſſé ſur l'Inuentaire des biens
   & titres de la ſucceſſion, à l'arbitrage.

pour la groſſe, *idem.*

Coppie, moitié, & pour la ſignification,à l'ordinaire.

Ordonnance pour aſſigner la partie pour proceder audit partage,
   accorder ou conteſter ledit eſtat ,   iii.ſ. iiii.d.

Suiure les procedures ordinaires iuſqu'au troiſieſme Deffaut.

S'il y a comparution les parties conteſtent ſur l'eſtat du bien, ou
font des demandes en rapport ou remploy, ſur leſquelles, ſelon
la conteſtation, Monſieur le Commiſſaire refere de ſon procés
verbal, ſur lequel interuient Arreſt qui regle d'ordinaire à eſcrire, produire, bailler Contredits, & Saluations, que l'on execute en la maniere accouſtumée és autres Inſtances.

S'il n'y a point de remplois ny de rapport à regler, & que l'on demeure d'accord de l'eſtat du bien ſur le referé du procés verbal
de Monſieur le Commiſſaire, interuient d'ordinaire Arreſt, que
les biens ſubjets à partage, ſeront priſez & eſtimez par Experts,
pour faire laquelle priſée & eſtimation, les procedures pour
conuenir d'Experts ſe font par Ordonnances, Deffauts & Aſſignations, ſi les parties n'en conuiennent, Monſieur le Commiſſaire en nomme d'Office, leſquels aſſignez s'ils ne ſont repro-
chez, font le ſerment, & en ſuite leur rapport, qui ſe tranſcript
dans le procés verbal de Monſieur le Commiſſaire, duquel on
baille coppie; & en ſuite ſur l'entherinement demandé, s'il n'eſt
empeſché, interuient Iugement ou Ordonnance, portant qu'il
ſera procedé audit partage, & à la confection d'autant de lots
qu'il y a de partageans; Ces lots eſtans faits & communiquez, s'il
n'y a empeſchement on iette des lots ſur billets cottez vn, deux,
trois, mis dans vn Chappeau & tiré au ſort, & tous les frais de
tels partages ſont portez par chacune des parties.

Il ſe rencontre ſouuent qu'entre les effets à partager y a des Maiſons qui ne ſe peuuent diuiſer, auquel cas l'Arreſt porte d'ordinaire, qu'icelles choſes non diuiſibles ſeront licitées & venduës
à la Barre, apres trois publications, auquel cas les procedures
& formalitez cy-deſſus pour les licitations ſeront obſeruées &
reglées.

Lefdits frais font auffi portez par les parties par égales portions.

Que fi à telles ventes furuiennent quelques oppofitions ou inter-uentions des Creanciers de l'vn des copartageans, il portera feul les frais, dont la declaration comme la taxe, font faciles & fe peuuent prendre de ce qui eft dit cy-deffus.

Dans l execution de l'Arreft qui aura reglé les rapports & rem-plois, il n'y aura pas d'autres procedures que celles cy-deffus, pour faire & confommer le partage.

Il arriue quelquefois qu'auant faire vn partage de bien confide-rable, on ordonne que pour connoiftre la valeur des biens, faire prifer & eftimer des Fiefs, Chafteaux, Maifons, Bois, Prez, Eftangs,& Moulins, & feparation de droict d'aifneffe, vn de Meffieurs fe tranfportera fur les lieux, en ce cas on obferue les mefmes procedu..es, que pour la prifée de moindres chofes, fi-non qu'il faut pour les chofes Nobles, cenfiues & droicts Sei-gneuriaux, propofer des Gentils-hommes, outre les autres Ex-perts de chacune condition.

Et apres le procés verbal rapporté, fera obferué pour l'entherine-ment la mefme chofe que deffus.

D'ordinaire les frais de telles Commiffions fe prennent fur les re-uenus par les mains des Fermiers, fi ce n'eft qu'ils foient aduan-cez par l'vne des parties, à la charge de fon rembourfement fur les mefmes reuenus.

Frais de comptes.

Sera obferué au compte dont il y aura condamnation de rendre, de faire au commencement vn fommaire recit du fait, & tranf-crire en fuite de l'Arreft de condamnation, fi c'eft d'vne tutel-le, l'acte de tuition, & aduis de parens pour l'education & nourriture des enfans; fi c'eft d'vne execution teftamentaire, le teftament, & ainfi des autres actes qui concernent la chofe dont on doit compter.

Les comptes font toûjours compofez de chapitres de recepte & de dépenfe particuliere de chacun des Enfans, en cas de com-pte de tutelle, & encore vn des reprifes des fommes à reeou-urer.

Comme auffi d'vn Chapitre de dépenfe commune qui fe regle en la maniere qui enfuit, & fe taxe à tournois.

Pour la façon & signature de l'Arrest selon qu'il est grand, suiuant le Reglement.

Pour la consultation auant que dresser le compte, & mettre les pieces par ordre à l'arbitrage, ou   vj. l.

Pour la grosse du compte, à raison de x. s. pour rolle en grand papier.

Pour deux coppies, autant que pour la grosse.

S'il en faut dauantage, se reigle à proportion.

Pour les vacations de Monsieur le Commissaire, selon la taxe qu'il fera.

pour l'assistance du Procureur du rendant, les deux tiers.

pour celle de l'oyant, *idem*.

pour celle d'autre oyant, s'il y en a, *idem*.

pour le calcul au Clerc de Monsieur le Commissaire, la moitié de la taxe dudit Sieur.

pour les Ordonnances & Assignations, selon qu'il s'en trouuera, & les taxes cy-deuant.

pour le procés verbal de l'examen, à raison de v.s. tournois pour rolle.

Voyage selon la qualité, si l'affirmation est en personne, & que l'affaire le merite, & si c'est en vertu de procuration.

Voyage d'homme de cheual.

Et s'il y a grand interualle depuis la presentation iusques à l'examen, voyage d'homme de cheual, & sejour à l'arbitrage, suiuant la qualité du compte & des vacations.

Quoy qu'il ait esté cy-deuant dit, que le droit de reuision des escritures, sera taxé aux Procureurs de Parlement & du Chastelet, selon les taxes declarées en plusieurs articles cy-dessus, neantmoins ladite taxe ne sera faite, que lors que les escritures auront esté faites & signées par Aduocats connus : Et où elles n'auront esté faites & signées par lesdits Aduocats connus, ne sera taxé aucun droit de reuision aux Procureurs. FAIT en Parlement le 26. Aoust 1665.

Signé,   DV TILLET.